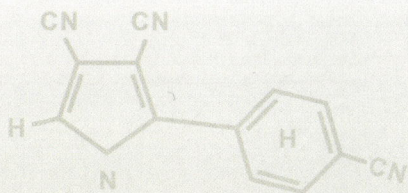

中学化学实验研究

Zhongxue Huaxue Shiyan Jianjiu

主　编：苗深花 范增民

副主编：李言信 韩庆奎 谢正兵

山东教育出版社

图书在版编目(CIP)数据

中学化学实验研究/苗深花等主编. —济南:山东
教育出版社,2017
ISBN 978－7－5328－9919－7

Ⅰ.①中… Ⅱ.①苗… Ⅲ.①化学实验—教学
研究—中学 Ⅳ.①G633.82

中国版本图书馆CIP数据核字(2017)第209093号

中学化学实验研究

苗深花　范增民　主编

主　　管:山东出版传媒股份有限公司

出 版 者:山东教育出版社

(济南市纬一路321号　邮编:250001)

电　　话:(0531)82092664　传真:(0531)82092625

网　　址:www. sjs. com. cn

发 行 者:山东教育出版社

印　　刷:青州市新希望彩印有限公司

版　　次:2017年8月第1版第1次印刷

规　　格:787mm×1092mm　16开本

印　　张:11.75印张

字　　数:240千字

书　　号:ISBN 978－7－5328－9919－7

定　　价:32.00元

(如印装质量有问题,请与印刷厂联系调换)
印厂电话:0536－3539198

前言

《国家中长期教育改革和发展规划纲要(2010—2020)》对教师的素质和教师教育提出了更高、更新的要求。如何提高基础教育师资的培养质量,如何培养具有创新精神、探究能力和实践能力的师资,是高等师范院校教师教育的重要目标。高素质的人才培养需要高素质的师资,而高素质师资的培养需要创新性的教材和教法。为此,我们结合多年的实验研究课程的实践经验积累,对《中学化学实验研究》讲义重新进行了充实、改编,并在参考其他院校不同版本教材的基础上,编写了这本体现探究性、创新性的教师教育教材《中学化学实验研究》。

《中学化学实验研究》是在掌握实验基础知识和基本技能的基础上,培养研究型、创新型中学化学教师,为达成高等师范院校化学实验教学研究课程培养目标而编写的。其最大的特点是实验研究与科学方法相结合,定性检验与定量测量相结合,案例引导与自主探究相结合。学生通过自主与合作查阅资料、设计实验研究方案、进行实验探究等过程,培养和训练实验研究能力和实践能力,以及探究与创新的精神。

开设《中学化学实验研究》课程的目的,是为了提高未来化学教师的实验技能、技巧以及改进、设计实验的能力,从而提高基础教育的质量和水平。因此要求参加该课程的学习者要以执着的钻研精神进行研究,平时注意收集、分析化学实验研究的资料,研究过程中通过模仿成功的实验,从中发现实验的设计思路和技巧,领悟实验设计的创造思维和技术方法;经过大量的实践,可以在某些方面对某些实验方法和效果不佳的实验进行改进,试探改进的过程一般不是一次成功的,需要进行多次的试验,要经得起失败的考验——"失败是成功之母",正是在"试探—失败"的多次反复之中增加经验、智慧,成功会悄然向你走来,创造的灵感终会迸发——"众里寻他千百度,蓦然回首,那人却在,灯火阑珊处",实验研究非经刻苦钻研、百折不回的历程是难以有所收获的。

多读、多做、多思、善总结,是进行实验研究取得成果的必由之路。希望学习者在学习中潜心钻研,同时注意学习、吸取别人的经验,走上教学工作岗位之后只要继续努力研究,一定会获得研究成果并由此而提高化学教学质量。

本教材由苗深花、范增民任主编,李言信、韩庆奎、谢正兵任副主编。编写人员承担的任务分别是:曲阜师范大学苗深花(前言、第 1、2、4、9 章、附录),曲阜师范大学李言信(第 5、6 章),曲阜师范大学韩庆奎(第 3、7 章),江苏省丹阳市第五中学谢正兵(第 8 章)。全书由苗深花、范增民策划、拟定实验编写大纲、编写实验案例、通稿、改稿。研究生孔令玉、徐晓蕊、李化、王海娜、王高原、李淑梅等参与了部分内容的打印与校对工作。

本教材在成稿过程中,参阅了本学科领域的大量专著、教材及文章,吸收了诸多专家及同行的有益之处,在此表示诚挚的感谢。

本教材获得了曲阜师范大学教材建设的立项(2013 年),对学校及教务处的支持表示衷心的感谢。

鉴于作者水平和时间有限,书中谬误之处在所难免,恳请读者批评指正。

苗深花

2016 年 7 月

目　录

第1章

化学实验研究的科研方法概说

1.1　研究课题的确定

"中学化学实验研究"属于科学研究范畴,必须在辩证唯物主义思想指导下,遵循自然科学方法论的基本过程和具体方法进行探索,才容易取得理想的结果。因此,了解并运用科学研究的一般方法是十分必要的。

1.1.1　研究课题始于问题

确定研究的课题是一个探索的过程,也是一个分析的过程,同时又是决定的过程、思考的过程,更是一个建构的过程。因此,要决定研究什么题目,要思考的问题包括:(1) 从哪里去探索题目?(2) 要分析题目的命题叙述的构成,包含哪些概念、变项及其间的关系。(3) 要知道研究题目应具有哪些特性,据以决定题目的弃取。(4) 如何为题目建构理论框架?(5) 提出研究假设,使题目便于研究。因此,应重视选题。

科学探究就是回答问题。因此问题的提出是科学研究的起点。所谓问题,就是以往的实践和认识所没有解决的事情。爱因斯坦、贝尔纳等都认为提出一个问题往往比解决一个问题更重要、更困难。爱因斯坦曾说过:"因为解决一个问题也许仅是一个数学上或实验上的技能而已。而提出新的问题、新的可能性,从新的角度去看待旧的问题,都需要有创造性的想象力,而且标志着科学的真正进步。"诺伯特·维纳也提出:"只要我们没有提出正确的问题,那么我们就永远也不会获得对问题的正确答案。"科学家们都把课题的形成和选择看作是研究工作中最重要、最复杂的一个阶段,作为研究战略的起点。因此,应该重视问题的发现。

毛泽东说:"什么叫问题? 问题就是事物的矛盾,哪里有没有解决的矛盾,哪里就有问题。"发现课题的过程就是分析矛盾的过程。通过分析这些矛盾,找到了需要解决的问题,也就找到了科学研究的课题。因此,深入教育教学实际是发现教育科研课题的根本途径。另外,分析实验事实和现有理论观点之间的矛盾,认识和实践的矛盾,科学理论和科学实践的矛盾,在矛盾比较尖锐的地方提出新问题,提出新假说,设计新的实验证明,就成为发现研究课题的重要方法。分析矛盾、发现问题、确定课题要解放思想,敢于质疑和向传统观念挑战。

发现课题不容易,选择最佳课题就更为困难。选择课题要根据需要和可能,开始搞研究的人应该选择范围和深度都适合于自己研究程度、研究基础和研究能力的课题,然后逐步扩大自己研究的范围和深度。要处理好热门和冷门、重要和次要、中心和边缘的关系,在这里,研究者估计自己能做出有价值、有独创见解和发现的可能性应成为选择和决策的主要标准。应当尽量挑选那些有利于今后长远发展方向的课题。总之,制约选题的最优决策的因素主要有三个:最佳发挥研究者具有的知识资源和研究才能的可能性;最佳于研究者今后发展的可能性;最佳研究成果获得的可能性。

1.1.2　实验研究课题的来源

课题来源于问题,问题是科学探索的出发点,是形成中学化学实验研究课题的素材。结合当前课程改革背景,具体表述为以下几个方面:

1. 课程改革中需要解决的新问题

例如,在中学化学实验中如何渗透科学方法的问题;如何在中学化学实验中包含现代化学的实验方法;如何使化学实验更具有探究性,使学生在化学实验探究中获得化学知识与技能。还有,如何通过实验使学生建立“平衡”“可逆反应”的概念等。

2. 与日常生产、生活紧密联系的化学问题与现象

如非金属材料的电镀问题、叶脉书签等一些新的实验方法的探究。对于广大的大中小学教师来说,这是提出研究课题的一个重要途径。

3. 教学实践是实验研究课题的一大来源

教学需要与实验现状的矛盾,实验结果与理论预期的矛盾,不同实验方案之间的差异等,都可以形成研究问题。

以化学教学中的实际问题为出发点来选择课题,通过研究从中探索出新颖的实验方法,从而改进自己的教学活动,是化学教师选择课题的主要途径。广大化学教师根植于化学教育实践中,他们对化学教育实践中的问题感受最深刻也最敏锐,因此,他们容易发现问题,具备进行实验研究的最有利条件。

4. 资料、文献的分析与研究

经常广泛地收集、阅读有关文献资料,也常会从中发现问题,受到启发。期刊所发表的实验研究论文或通过答辩的研究生论文,应该已被专业人士认可,在阅读此类论文时可以得到启发,进一步了解自己要作什么题目,设计什么样的实验方案。举一反三,闻一知十,看了一个实验研究可以联想到相关的研究主题,是很平常和合理的。

1.1.3　问题成为研究课题的原则

1. 新颖性。新颖性是指前人没有解决或者没有很好地解决的问题,或是研究者对问题解决的新设想等。

2. 价值性。价值性表现为能够满足中学化学实验教学的需要,对改进和推动中学化学实验教学具有积极意义。

3. 可行性。要有可靠的科学理论依据或者事实根据,且在研究的设备、材料、经费、时间以及研究者的水平、能力、经验等方面具备必要的条件。

4. 可推广性。要适合于任何人或任何学校的实验教学。

1.1.4　实验课题的确定

实验课题的确定,一般过程为:问题筛选→历史和现实背景考察→提出研究课题→研究意义和可行性论证→确定课题。注意课题要准确、完整、清晰,紧紧围绕主要问题。课题不宜过大,题目越具体明确,越容易出成果。

1.2　研究计划的制定

课题确定之后,就是课题如何解决、研究工作如何进行的问题。为此,研究者必须进一步明确自己所要解决的课题,明确自己解决课题的指导思想和纲领,明确研究工作的内在逻辑和发展过程,形成切实可行的研究计划。

1. 计划是带有方向性的学术思想,是科研的指导纲领

如果说课题是一部著作的书名和主题,研究计划就是详细的纲要和目录,是实验设计与研究的指导思想和实施方案。

2. 计划是研究过程的逻辑设计和组织方案

研究计划还应确定解决课题更为具体的途径和方式,提出研究过程的具体组织和实施方案。研究过程要经历哪些阶段? 每阶段上各有什么样的工作? 进行什么方式的活动?

3. 研究计划具有相对稳定和动态可变的性质

研究计划实际上由两部分组成:一部分是研究方向、方式、过程的基本设想,这是研究计划的核心。另一部分是实施方案,是更为具体的组织和安排,是计划的外层。核心部分应该具有相对稳定性,尽可能不变或少变;外层应该具有可变的特点。这样可以使计划更好地适应研究过程的动态性质。这就要求我们除了有执行计划的坚决性之外,还应该有执行计划的灵活性,从实际出发修改自己的计划。

大学问家王国维曾形象地把研究学问分为三个阶段。一是"独上高楼,望尽天涯路"。意思是想要遍觅天下道路就得登高望远。一开始研究学问要做到"博览"。二是"衣带渐宽终不悔,为伊消得人憔悴"。意思是做学问要有一股钻劲,要有执着的追求,像对待自己心爱的人那样专一。因而在博览的基础上要进一步做到"精研"。三是"众里寻他千百度,蓦然回首,那人却在,灯火阑珊处"。一个人既博且专,则应为追求真理而不断地探索。只有对知识做到融会贯通,才能有所创新和发现,逐步接近并把握真理。这就是所谓"融通"。

1.3 自然科学方法论的基本过程

要解决科学研究、工农业生产和教学过程等方面的问题,不论大小和难易,一般都要经过以下的基本过程。

基本过程一:

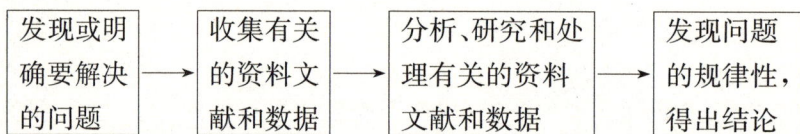

基本过程二:

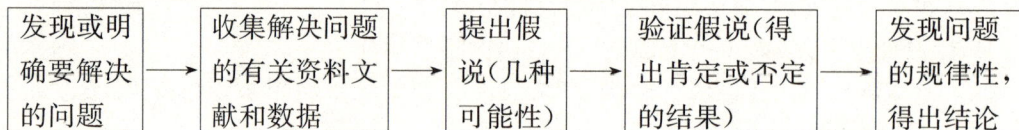

基本过程三:对过程一、二的改进。

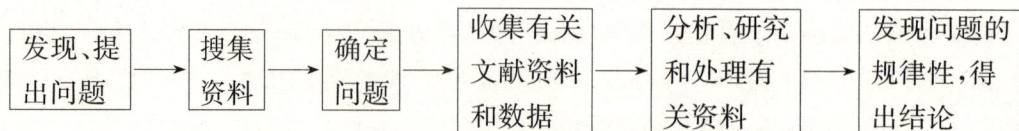

上述基本过程在本质上无任何差异。在第二个过程里只是改为了假说的形式。这

个基本过程就是自然科学方法论的基本步骤。前两个基本步骤属于感性认识阶段;分析、研究和处理资料及数据,是进行抽象概括、推理判断,准备完成第一个飞跃;发现问题的规律性、得出结论是上升到理性认识阶段,从认识可以得到解释,认识论是自然科学方法论的理论依据。基本过程三是对过程一和过程二的细化,同样体现了自然科学方法论研究的基本过程。

在自然科学研究或以自然科学方法论为依据组织的化学实验研究过程中,经常运用的具体过程和环节如下。

1. 收集有关资料、文献和数据:

(1) 资料收集　　(2) 观察　　(3) 实验

(4) 控制条件　　(5) 测定　　(6) 记录

2. 分析、研究和处理有关资料、文献和数据:

(7) 资料、文献和数据的处理(表格化、方程式化和线图化等)

(8) 分类

(9) 科学抽象

3. 得出规律性和结论:

(10) 发现规律性　　(11) 模型化　　(12) 提出假说　　(13) 验证假说

上述具体过程所包括的 13 个环节只是最基本的环节,只有灵活地按照自然科学方法论的基本过程并和具体环节相结合,才能使科学研究顺利进行。下面仅做简单解释。

(1) 资料收集

事实和资料是科学家借以展翅高翔的羽翼。只有当事实和资料丰富、全面而又真实可靠时,才有可能形成正确的概念、判断和推理。我们不能事事直接经验,特别到了今天,科学发展到“知识爆炸”阶段,如果没有充分利用现有情报,就会重复别人的科研过程,造成浪费。因此,我们要重视学习和吸取人类已经获得的知识成果,及时地学习和吸收各种形式的间接经验和资料,必须进行社会调查、阅读专业著作、查阅文献资料和动态报道。

参加学术讨论和交流会议,同其他科学工作者建立个人的直接联系和接触,也是获得知识和经验的一条重要途径,科学工作者之间彼此传递的信息量远远高于间接联系,而且交流过程中形成的信息反馈和共鸣,使得参加者处于高度兴奋和活跃的状态,迸发出灵感和思想闪光,推动了思维活动。

读书和查阅文献资料,是另一条获得间接经验、间接知识、资料的重要途径。首先,要对课题有关文献、资料、情报的来源及分布有一个初步的了解。其次,要切实做到围绕课题读书,要按照研究进程有计划、有目的地读书。第三,要处理好精读和博览的关系。与课题直接有关的著作,应该认真细致地阅读;与课题稍远的著作,则应博览。按照科学方法积累资料,首先要对资料进行科学的分类,通过分类而显示相互之间的内在联系,使我们发现原来没有看到的东西。积累资料的过程是积极思维的过程,会不时迸发出星星点点的思想火花,有时还会涌现出一股一股的思想泉流。

（2）观察

观察是人们对自然现象进行的有计划、周密细致的感觉活动。只要是自然科学的研究活动必须从观察自然现象出发，它是一种不可缺少的重要研究方法。

观察和实验常是结合在一起的，它们是收集科学资料和数据、获得感性知识的基本途径，是形成、产生、发展和检验自然科学理论的实践基础。这两种方法在科学研究里占有十分重要的地位，并常常起着决定性作用。

观察化学变化时，往往只注意最鲜明和最引人入胜的现象，而忽略其他方面，常见的错误的做法有以下四种：

第一，忽略稍纵即逝的现象，影响揭示某些性质或重要规律。

第二，抓不到事物的本质特征。

第三，观察中以局部现象代替整体。如在铜和稀、浓硝酸反应的实验中，往往只注意观察硝酸溶液的颜色变化，忽略反应中产生的气体及其颜色变化，这就不便于经过分析进而得出氧化性强弱不同的结论。

第四，说明现象时，往往以结论代替观察的主要过程，如观察制氢气的实验只说"观察到生成氢气了"。为此，提高观察质量和效果要注意以下几个方面：

① 明确观察目的，准确地规定观察对象。

② 根据观察目的采取必要和有效的观察手段。

③ 要尽量做到客观观察。

④ 要善于掌握现象发生时的各种条件。

⑤ 要准确地抓住现象的变化，还要做好准确的记录。

做好观察记录，才便于分析反应或现象的因果关系。在这里要注意划清观察的现象和对现象进行解释的界限。例如，蜡烛燃烧的观察记录，不能记为"蜡烛芯的底部有无色的蜡"。

（3）实验

实验实际上是在条件控制下进行的观察。因此，实验作为一种科学方法，在认识过程里具有三个方面的特殊作用：

第一，实验方法具有简化和纯化作用。运用实验方法可以借助科学仪器和设备，控制所研究对象，排除偶然、次要的因素和外界干扰，使研究对象的某种属性或联系以纯化的状态表现出来。

第二，实验方法能够强化研究对象，使之处于极端状态，有利于揭示新的特殊自然规律。

第三，用实验方法探索自然规律，或作为变革自然的手段是较为经济、可靠的。

实验方法在科学研究中能克服客观条件的限制，获得感性知识并使之上升到理性认识，在检验假说和发展科学理论等方面，都起着极其重要的作用。在化学教学里的实验，除在形成发展和验证化学基础知识，以及培训实验技能之外，在培养锻炼解决化学问题的能力上也是十分重要的。

（4）测定

用数据来表示物理量所进行的操作叫测定。测定要尽最大可能减少主客观上的各种误差，测定对检验实验效果、分析实验原因有直接帮助，例如在实验室制甲烷时发现甲烷的产率很低（20％～30％），产气速度很小，通过分析测定原料的成分可以发现碱石灰中 NaOH 的含量低于理论用量，再将各种改进方案进行对比测定，发现 NaAc∶NaOH∶CaO＝2∶1∶0.5 时产率达到最高，可以选为最佳配比方案。

又如乙醇分子结构测定实验，对过量金属钠的用量进行控制条件的测定可以寻找到钠的适宜用量；对不同溶剂用量进行测定可以找到适宜的溶剂用量；对片状与粉状钠进行测定对比可以发现钠粉的反应速度快。

再如对氯酸钾加热分解制氧气的催化剂（MnO_2、CuO、Fe_2O_3、砖瓦粉）的选择，用台秤称量硬脂酸做阿伏加德罗常数的改进实验，也都是采用对比测定的方法总结得到的。

（5）数据的处理和解释

观察、实验和测定所测得的数值，一般称为数据，它是直接经验的结果，属于事物的外部联系，需要经过处理和解释，才能发现其中的规律性，也就是发现事物的内部联系。为便于统计和分析，一般很少使用繁琐冗长的文字记述，科学研究或化学教学里经常使用的有以下三种：

① 化学式化；② 表格化；③ 线图化（坐标图型）。

以上三种方式，凡是能够运用的地方尽量运用，与冗长的文字叙述比较起来，这些都是语言的科学表现形式。

从观察、实验和测定得出的数据，经过初步的处理和解释，能够看出一些个别物质间的变化关系，如果在此基础上，从各个事实抽象概括出一般的规律性，就能形成结论。

（6）分类

分类是根据研究对象的共同点和差异点，将研究对象区分为若干个不同种类的逻辑方法。比较是分类的基础，通过比较识别出事物之间的异同点，然后根据共同点可将事物划分为较大的类，再根据差异点可将事物划分为较小的类，这样就可把研究对象区分为具有一定从属关系的不同等级的系统，这就叫作分类。

分类是基于观察的结果，分类需要遵守下列三条原则：

① 必须相应相称。即分类后的各类之和一定要与划分前的原类相等，否则会出现分类过窄或过宽的逻辑错误。如将元素只分为碱金属和卤族元素就是分类过窄，因为除此之外还有其他类元素。

② 每一种分类必须根据同一个标准，否则就会出现分类重叠和分类过宽的逻辑错误。

③ 分类必须按照一定的层次逐级进行，否则会出现越级划分的错误。如把物质直接划分为酸、碱、盐，就属于越级划分的错误，应先将物质划分为纯净物和混合物，然后再逐级划分下去。上述三项规则是进行正确分类的必要条件。

总之，分类可以使大量繁杂的材料条理化、系统化，从而为科学研究工作创造条件；

科学的分类系统由于反映了事物内部联系（规律性），因而具有科学的预见性，能够为寻找或认识某一具体事物提供认识上的线索，所以分类在自然科学研究或化学教学上都具有重要的意义。

（7）科学抽象

探索和认识自然界物质运动的规律，首先需要进行观察和实验，从观察和实验中取得大量的感性资料，需要进行思维加工，把物质运动的本质抽象后才成为理性知识。

列宁说："一句话，那一切科学的（正确的、郑重的、不是荒唐的）抽象，都更深刻、更正确、更完全地反映着自然。"抽象就是透过现象，深入内部抽取本质的过程和方法。

充分地积累和收集必要而又足够的资料，是科学抽象的必要条件，还要在大量的实践资料的基础上进行思维加工，一般要注意下述三点。

首先，要区分事物的真相和假象，避开事物外部的非本质联系，使事物内部的本质联系和过程充分地暴露出来，因此对现象分析鉴别是一个重要方面。例如，利用醋酸钠和碱石灰制取甲烷产量低，通过计算，碱石灰中的氢氧化钠含量达不到理论量，补充部分氢氧化钠之后，甲烷产量仍然与理论产量相差很大，综合分析可以知道，碱石灰中的氧化钙"冲稀"了反应物的浓度是一个重要原因，因此，逐渐减少氧化钙的用量，则可以使产率达到 95% 以上。

其次，要避开与当前研究和考察无关的内容、次要的过程和某些干扰的因素，要从纯化的状态来考察事物的运动过程。在研究自然现象时，一般总是有几种因素影响着该事物的现象，这些因素称为条件或变数，例如在研究温度、压力、体积和化学反应速率的关系时，就要使其他条件不变，研究一个变量与化学反应速率的关系，像这样，对于某一种事物的现象有影响的各种条件里的一种条件作为变数，其他条件保持一定进行实验，称为条件控制。在化学实验的研究和改进中要常用到这种方法，它是发现原来实验存在问题的钥匙，又是改进的起点，是科学研究的重要方法之一。

最后，要区分开事物的本质属性和衍生属性，深入事物的内部，把决定性的隐蔽着的属性抽象出来。自然界的事物总是有多种复杂的属性和关系，但在总体中所处的地位并不相同，有些属于本质属性，有些属于衍生出来的。例如原子的结构是本质属性，相对原子质量、化合价及物质的性质是衍生属性。衍生属性较易掌握，而本质属性则较隐蔽，需要运用多种逻辑方法，借助于丰富的想象力，采取预想、推测、抽象和假说等形式逐步地认识它。例如元素的性质随原子序数的递增而呈现周期性变化这一本质属性是经过几代化学家努力研究发现的。

经过科学抽象得出本质属性之后，就能把事物的本质从整体上完整地抽象出来，当人们对事物的本质属性有所突破以后，就会逐步形成一个相对完整的理论体系。

（8）模型

模型（一般称模拟方法）是指对客观事物或科学某一固定的领域里的各种对象性质或互相关系，采取合适的构造或以形象化的形式，反映出它与某一事物的关系类比而模拟的东西。

常有这样的体会,在遇到一个新的自然现象时,如果在过去的经验里有过这样的类似现象,则较容易理解,原因是在头脑里容易形成模型。道尔顿想象出所有的物质都是由不可分割的基本粒子构成的,这种粒子就是原子,这就是一种原子模型。

模型的作用和要求。首先,模型一定能说明有关现象,例如卢瑟福设想出原子结构的模型是中心有个很重且很小的核,在其周围有极轻的电子围绕着,这个模型能圆满地说明 α 粒子在金箔上的散射实验。其次,模型具有预见性,例如道尔顿的原子模型预见了倍比定律并被以后的实验所证实,沃森和克里克发现的脱氧核糖核酸(DNA)的双螺旋的模型预见了细胞具有复制脱氧核糖核酸的机能,也为后来的实验所证实。第三,模型毕竟不是实物,在说明现象时具有一定的局限性。模型有肯定类比的一个方面,也存在着否定类比的因素。例如分子球棍模型中的棍只表示化学键,不能表示键的强弱和键的种类,球的大小、形状和所涂的颜色都不能表示原子的实际情况。道尔顿的原子模型认为原子是不可分割的,后来又被卢瑟福和波尔的原子结构模型所代替。总之,模型虽然有一定的局限性,但是形成模型的过程就是直观表达和逻辑思考的过程,在已知的知识和现象与研究对象之间形成桥梁,因此不可低估模型的作用和意义。

（9）假说

假说是根据已知的科学知识,对所研究的自然现象或规律性提出的一种暂时的、假定性的说明,或者是对所要解决的问题的真正原因的假设。

科学理论一般需要下面四个阶段或步骤才能完成:

① 提出假说;

② 从该假说里演绎地提出能够进行观察实验的题目;

③ 通过观察或实验对提出的题目进行验证;

④ 若验证无误,则假说成立;若验证有出入,则需订正、修改甚至放弃。

验证假说的唯一的充分条件,是视其是否与事实一致。自然科学的发展、科学知识的积累就是经过这样的阶段和步骤而形成的。所以,假说在自然科学方法论里占有很重要的位置。例如道尔顿的原子模型假说对于质量守恒定律、倍比定律和定比定律等能圆满解释,却不能说明气体反应定律,但用阿伏加德罗假说则可圆满地说明气体反应定律,也就是阿伏加德罗假说修正了道尔顿的原子模型,并用它能说明一般的化学变化。

假说的提出,有些与推论相似,是对资料综合概括的过程,从此可得出高一级的认识。它是不可缺少的一种科学研究方法,同时,在化学教学里可以应用假说法培养学生的思维能力。例如苯和溴反应是发生加成反应,还是发生取代反应呢? 可以提出两种假设:

① 如果发生加成反应会生成六溴环己烷一种产物;

② 如果发生取代反应会生成溴苯和溴化氢。

经实验验证,反应后不仅有溴苯生成,还生成溴化氢,故可以得出结论:苯和溴在铁的催化作用下能发生取代反应。再如乙醇分子结构的测定也可以按假说的方法设计教学过程,使学生不但学到知识,还能培养科学方法和科学态度。

1.4 中学化学实验研究改进的一般方法

中学化学实验的研究改进是中学化学教师和中学化学教学研究工作者的一个科学研究课题,中学化学实验研究内容包括对中学化学教材中实验的研究、改进,对新实验和实验习题的设计,化学实验的电化教学技术研究等。

在中学化学实验中,有的实验效果不佳,需要从装置、方法、材料等几个方面进行改进,以取得较佳的实验效果;有的为了说明化学原理,需要补充一些实验、设计出新的实验方法和装置,或者将原来复杂的装置和方法进行重新设计,创造出一套新的装置和方法;还有的实验需要从多方面进行研究,以获得最佳的实验现象,这都属于中学化学实验研究改进的方法。

中学化学实验研究一般从下面几方面进行探究:

(1) 控制条件进行定量测定的研究

例如,制取甲烷实验的改进;用台秤称量硬脂酸测定阿伏加德罗常数实验的改进;乙醇分子结构测定实验的改进;酸与锌反应制氢气中酸浓度的选择;氯酸钾分解制氧气的催化剂的选择;等等。都是通过控制条件进行定量测定,由测定结果寻求最佳实验方案。

(2) 应用简易仪器装置,改变实验条件进行的改进

应用简易的仪器装置并适当改进实验条件,可以改进很多实验。应用曲管、横口管、注射器、塑料瓶(管)改进常规实验方法,可以获得简易、快速、明显的实验效果。例如在曲管中进行硫化物性质的实验可以收到一举多得的实验现象;利用横口管做氧气性质的实验,做乙烯性质的实验,做氯气性质的实验;用注射器做相对分子质量测定实验和乙醇分子结构测定实验;用塑料瓶做爆鸣筒实验等。

(3) 从实验原理出发,改变实验方法的研究

根据实验原理,通过选择不同的催化剂、不同的实验装置等,可以获得比较理想的实验效果。例如氨的催化氧化,合成氨,氢气和氯气的光化反应等实验都创造出各种实验方法,其中以最快速、简易、现象明显为最优。

(4) 应用电化教学手段的研究

应用投影仪将实验现象放大,提高可见度以便于学生观察,是提高演示效果的一种方法,对演示内容和演示装置、方法进行研究是一个研究课题;制作实验幻灯片,利用幻灯机进行化学实验训练和复习;采用录像和教学电影来辅助实验教学的研究;利用微型电子计算机来辅助中学化学实验的研究,亦属于中学化学实验研究内容。

（5）微型实验的开发

微型化学实验崛起于 20 世纪 80 年代,是国际公认的一种在微型化的条件下对化学实验创新性变革的新技术和新方法。它具有污染较小、现象明显、节约药品、减少仪器损耗、节省时间、提高实验安全程度等优点。微型化学实验以其良好的教学功能和教学效果,成为当今化学实验教学改革的一个重要方向。因此,化学教师和实验人员可以结合教材内容,根据化学反应原理、反应进行的条件、反应物的用量等方面,因地制宜地开发微型化学实验。

研究中学化学实验要遵循自然科学方法论的基本过程,应用科学研究的具体环节（方法）来进行。一般说来,研究中学化学实验应在掌握化学实验基本操作技能的基础上进行。首先,应对原来的实验进行多次测定或复现,从中发现问题或不足。其次,围绕该实验查阅有关文献、资料,收集数据和实验方法,进行分析研究,设计出改进方案。然后进行实验验证（有时需经多次设计和验证）。接着对实验现象和条件进行讨论,对数据进行处理。最后得出结论——即改进成果。

在实验改进与创新过程中,必须遵守科学性、实用性、可行性、绿色化、趣味性、简易性、综合化等基本原则。近年来化学实验改进与创新的主要特点体现在"追求实验现象鲜明、实验污染小、实验安全性高、实验微型化与设计的综合化"等方面。教师还应树立化学教学实验的探究性、绿色化、生活化、微型化和趣味性等教育教学理念。

参考文献:

[1] 林生傅. 教育研究法[M]. 台北:心理出版社,2003.

[2] 裴娣娜. 教育研究方法导论[M]. 合肥:安徽教育出版社,1995.

[3] 袁振国. 教育研究方法[M]. 北京:高等教育出版社,2000.

[4] 叶澜. 教育研究及其方法[M]. 北京:中国科学技术出版社,1990.

[5] 毕华林. 化学教育科研方法[M]. 济南:山东教育出版社,2001.

[6] 李方. 现代教育研究方法[M]. 广州:广东高等教育出版社,2004.

[7] 李秉德. 教育科学研究方法[M]. 北京:人民教育出版社,1986.

[8] 威廉·维尔斯曼(美)著,袁振国主译. 教育研究方法导论[M]. 北京:教育科学出版社,2001.

[9] 苗深花,韩庆奎. 现代化学教育研究方法[M]. 北京:科学出版社,2009.

第2章

中学化学实验研究过程分析示例

在中学化学实验教学中,有的实验效果不佳,需要从装置、方法、材料等几方面进行改进,以取得较佳的实验效果;有时为了说明化学原理,需要补充一些实验,设计出新的实验方法和装置,或者将原来复杂的装置和方法进行重新设计,创造出一套新的装置和方法;一些实验需要多方面进行研究,以获得最佳的实验效果。下面以几个研究、改进、设计成功的实验为例,分析这几个实验的研究过程,从中获得关于研究、改进、设计化学实验的途径和方法。

2.1 实验室制取氧气实验的绿色化研究

实验目的

1. 熟练掌握实验室制取氧气的原理和方法。
2. 能从绿色化学的理念分析实验室制取氧气各种方法的优劣。
3. 学会从原理方面研究和改进化学实验的方法。

实验方案探究

实验室制取氧气一般常用三种方法:加热高锰酸钾、加热氯酸钾和过氧化氢分解制氧气。这三种方法的生产原料、生产效率以及生产过程中所产生的副产物对环境的影响程度都有所不同,以下内容将对这三种方法进行实验分析,最终确定最具绿色化的实验方案。

1. 加热高锰酸钾制取氧气的实验

实验原理：

$$2KMnO_4 \xrightarrow{\triangle} K_2MnO_4 + MnO_2 + O_2 \uparrow$$

实验装置图：

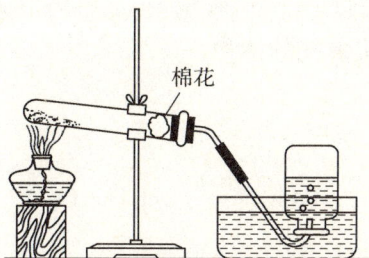

图 2-1　加热高锰酸钾制取氧气

实验步骤：

(1) 安装实验装置。按图 2-1 所示安装实验装置。

(2) 检查装置的气密性。将导气管伸入水槽中，微热大试管，如果水槽中的导管中有气泡冒出，冷却后导气管内上升一段水柱，说明气密性好。

(3) 加入药品。打开橡皮塞，在试管里放进约 10 g 高锰酸钾。用一团棉花放在靠近试管口的地方，以防止加热时高锰酸钾粉末进入导气管。然后把带有导气管的塞子塞紧试管口。

(4) 放入收集装置。将 2 个 250 mL 的集气瓶分别盛满水，并用玻璃片盖住瓶口(注意不要让瓶口水面处留有气泡)。然后把盛满水的 2 个集气瓶连同玻璃片一起倒立在盛水的水槽内。

(5) 制取气体。给试管加热。先使酒精灯在试管下方来回移动，让试管均匀受热，然后对准高锰酸钾所在的部位集中加热。

(6) 收集气体。用排水法收集产生的氧气，并测量收集氧气的体积。

2. 氯酸钾受热分解制取氧气的实验

实验原理：

$$2KClO_3 \xrightarrow[\triangle]{MnO_2} 2KCl + 3O_2 \uparrow$$

实验装置图：

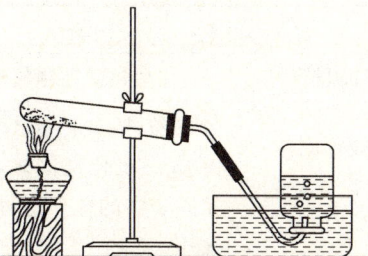

图 2-2　氯酸钾受热分解制取氧气

实验步骤:

(1) 按图 2-2 所示安装实验装置并进行气密性检查。

(2) 装药品和放入气体收集装置。用托盘天平称取指定质量的 $KClO_3$ 和 MnO_2,并混合均匀;用纸槽送入大试管底部,并连接好装置;将集气瓶装满水并倒置在水槽中。

(3) 制取氧气。点燃酒精灯,先使试管均匀,然后集中加热;待到气泡连续放出时,用排水法收集气体。并测量收集氧气的体积。

3. 过氧化氢分解制氧气

实验原理:

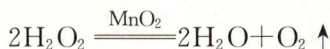

$$2H_2O_2 \xrightarrow{MnO_2} 2H_2O + O_2\uparrow$$

实验装置图:

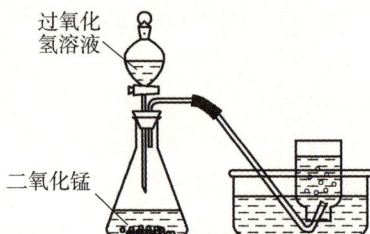

图 2-3 过氧化氢分解制取氧气

实验步骤:

(1) 按图 2-3 所示,将装置连接好。

(2) 检查装置的气密性:用止水夹夹住胶皮管,向分液漏斗中注入水,打开分液漏斗活塞,水不会持续流入锥形瓶中,证明装置不漏气。

(3) 在锥形瓶中加入适量的二氧化锰,塞上塞子。

(4) 在分液漏斗中加入过氧化氢溶液,打开活塞,缓慢滴入溶液(根据反应速度确定滴加过氧化氢溶液的速度)。

(5) 待气泡均匀且较快放出时,用排水法收集气体。并测量收集氧气的体积。

(6) 关闭分液漏斗活塞,从水槽中取出导管,停止实验。

4. 以上三种实验室制取氧气方法的比较

按以上三种方案进行 3 次平行实验,实验现象及结果见表 2-1。

表 2-1 实验室制取氧气三种方案的比较

实验序号	1	2	3
实验方法	加热高锰酸钾制氧气	加热氯酸钾制氧气	过氧化氢分解制氧气
实验步骤	称取 1 g 高锰酸钾固体,按照实验 1 中的操作过程进行操作	分别称取 1 g 氯酸钾和 0.5 g 二氧化锰固体,按照实验 2 中的操作过程进行操作	取 15 mL 的 5% H_2O_2 溶液,称取 0.5 g MnO_2 固体,按照实验 3 中的操作过程进行操作

（续表）

实验序号	1	2	3
实验现象	开始反应较慢,一会反应加快且反应剧烈,迅速反应完	开始反应较迅速,随着反应物的减少反应速率减慢	开始反应较迅速,随着反应物的减少反应速率减慢
实验收集氧气的理论数据	$V=70.89$ mL	$V=274.29$ mL	$V=197.65$ mL
实验收集氧气的实际数据	$V_1=62$ mL $V_2=70$ mL $V_3=66$ mL	$V_1=140$ mL $V_2=75$ mL $V_3=230$ mL	$V_1=125$ mL $V_2=118$ mL $V_3=120$ mL
平均值	$V=66$ mL	$V=148.3$ mL	$V=121$ mL

5. 实验数据处理

（1）转化率

$\alpha=$［(实际产生气体的体积)/(理论产生气体的体积)］$\times100\%$

$\alpha(KMnO_4)=(66$ mL$/70.89$ mL$)\times100\%=93.1\%$

$\alpha(KClO_3)=(148$ mL$/274.29$ mL$)\times100\%=54.1\%$

$\alpha(H_2O_2)=(121$ mL$/197.65$ mL$)\times100\%=61.22\%$

（2）原子利用率

原子利用率$=$［(目标产物的量)/(按化学计量式所得所有产物的量之和)］$\times100\%$
$\qquad\quad=$［(目标产物的量)/(各反应物的量之和)］$\times100\%$

原子利用率$(KMnO_4)=(32/316)\times100\%=10.13\%$

原子利用率$(KClO_3)=(32\times3/245)\times100\%=39.18\%$

原子利用率$(H_2O_2)=(32/68)\times100\%=47.06\%$

（3）环境因子

环境因子$=$［废弃物质量(副产物质量)(kg)］/［目标产物质量(kg)］

环境因子$(KMnO_4)=(197+87)/32=8.875$

环境因子$(KClO_3)=149/(32\times3)=1.552$

环境因子$(H_2O_2)=36/32=1.125$

6. 数据分析

通过实验1、2、3的转化率、原子利用率和环境因子相比较可知,虽然高锰酸钾的转化率高,但原子利用率最小,产生的副产物最多,相对成本较大,环境因子最大,所以此方案最差;过氧化氢的转换率次之,原子利用率最高,产生的副产物最少,成本最小,环境因子最小,所以此方案最佳;氯酸钾的转化率最差,原子利用率和环境因子居中,所以此方案也不理想。综上所得,实验室制取氧气最好的、最绿色化的方法是过氧化氢分解制氧气。

参考文献：

［1］苗深花,韩庆奎. 化学实验教学论［M］. 北京:科学出版社,2012.

［2］郑长龙. 化学实验教学新视野［M］. 北京:高等教育出版社,2003.

［3］刘超. 谈化学教学中绿色化学教育的渗透［J］. 化学教学,2002,(08):35～47.

［4］朱文祥. 绿色化学与绿色化学教育［J］. 化学教育,2001,(1):1～4.

［5］王润梅. 学生分组探究氧气制取实验的绿色化设计［J］. 化学教学,2005,(22):45～51.

2.2 实验室制取甲烷最佳方案的选择研究

实验目的

1. 探索实验室快速制取甲烷的实验方法,熟练掌握实验室固—固加热反应制取气体的研究方法。

2. 探索制备甲烷的最佳方案的选择方法。

实验方案探究

中学化学教材中选用无水醋酸钠与碱石灰按 3∶1 的比例制取甲烷气体,其效果较差,产气速度和产气量都小,不能很好地完成实验任务。近年来不少书刊发表了许多关于本实验的改进方法,有不同程度的改进,但都没有达到在中学条件下反应产物的极限量。我们在采用保护试管的措施之后,对原料配比和不同催化剂进行了一系列的定量测定,目的是为了找到该实验的最佳实验方案。

为了解决试管破裂问题,经实验验证采用铝箔保护的方法。铝箔越薄越好,卷烟纸中的铝箔既薄又经济易得。其处理方法是,将铝箔上附着的纸在灯焰上烧掉,折叠为两层,做成半圆筒状的"铝舟",用其盛反应物并将其推入试管底部。

1. 不同方案制取甲烷气体的比较

分别选取了中学课本的实验方法(方案 1)以及其他的改进方法(方案 2～8)进行对比实验测定。各种方案统一按 2 g 醋酸钠为基准,测定结果见表 2-2。

表 2-2 不同方案制取甲烷气体的比较

方案编号		1	2	3	4	5	6	7	8
反应物料	无水NaAc	2 g	2 g	2 g	2 g	2 g	2 g	2 g	2 g
	碱石灰	6 g(烘烤)	1.9 g	6 g(烘烤)					
	NaOH		0.48 g	1.5 mL 40%	1.6 g	1.2 g	1.2 g	1.2 g	1.2 g
	CaO				2.4 g	1.2 g	1.2 g	0.8 g	0.8 g
装料情况		斜铺试管底部	垫"铝舟"	垫"铝舟"	斜铺试管底部,加铁丝导气	垫"铝舟"	NaAc熔化后均沾在试管壁上,后加NaOH、CaO粉末	斜铺试管底部	垫"铝舟"
使用试管及试管完好情况		普通大试管完好	普通大试管完好	普通大试管完好	普通大试管破裂	普通大试管完好	普通大试管完好	硬质大试管破裂	普通大试管完好
反应时间(min)		20 25	15 15	17 15	8 6 7	20 20 20	5 6 5	7 5 6	10 10
产气量(mL)		215 280	315 300	420 400	480 480 465	535 465 52	470 435 460	520 530 535	520 500
产率(%)		36 47	52 50	70 67	80 80 77	89 78 87	78 72 77	87 88 89	87 83
备注		时间长,产率低	时间长,产率低	时间长,产率较高	时间短,产率较高	时间长,产率较高	时间短,产率较高	时间短,产率高	时间短,产率高

注:实验在20℃ 1个大气压下进行。

2. 改变生石灰的用量制取甲烷气体的方案比较

无水醋酸钠和氢氧化钠的量不变,改变生石灰的用量。由表 2-3 的测定结果可见,生石灰的用量减少到 0.5 g 时,甲烷达到最大极限量,最高产率为 93%,故实验室制取甲烷的最佳配料比例为:无水醋酸钠:氢氧化钠:生石灰=2:1.2:0.5(质量比)。

为什么减少生石灰用量能提高甲烷产量呢? 原因可能是:(1) 由于生石灰的减少而增加了反应物的浓度,经研细充分混合的混合物加热时在熔融状态下反应,几近于液相反应,反应充分,故产率高,时间短。(2) 氧化钙与醋酸钠在加热时会生成醋酸钙。醋酸钙与氢氧化钠共热易生成丙酮而使甲烷产率降低。本方案减少了生石灰的用量,故减少了副反应。

表 2-3　改变生石灰的用量的方案比较

项目＼实验编号		1	2	3	4	5	6	7	8	9
原料	无水 NaAc	2 g	2 g	2 g	2 g	2 g	2 g	2 g	2 g	2 g
	碱石灰									
	NaOH	1.2 g	1.2 g	1.2 g	1.2 g	1.2 g	1.2 g	1.2 g	1.2 g	1.2 g
	CaO	0.8 g	0.7 g	0.6 g	0.5 g	0.4 g	0.3 g	0.2 g	0.1 g	0
装料情况		普通试管垫"铝舟"	同左	同左	同左	同左	同左	同左	同左	同左
使用试管及试管完好情况		试管完好	同左	同左	同左	同左	同左	同左	同左	同左
反应时间(min)		9	6	6	7	7	6	6	6	6
产气量(mL)		535	535	560	560	560	560	560	560	560
产率(%)		89	89	92	93	93	93	93	93	93
备注		这几组实验所用"铝舟"都是卷烟纸中的铝箔烧去附着的纸层,折叠为双层做成的,实验结束后见到"铝舟"腐蚀出斑状小孔								

注:实验在 20℃ 1 个大气压下进行。

3. 二氧化锰是否对制取甲烷反应有催化作用的探究

有的研究者提出以 2 g 醋酸钠＋1.2 g 氢氧化钠＋0.2 g 二氧化锰制甲烷的配料方案,获得 500 mL 以上的甲烷气体。文章认为实验改进关键是由于二氧化锰的催化作用,如不加二氧化锰则几乎不反应;文章认为甲烷火焰呈黄色是由于气体中含钠离子(Na^+)。我们根据上述的对比实验认为:把二氧化锰当作这个反应的催化剂是不对的。由表 2-3 方案 9 可见,不加第三种物质同样能获得较高的甲烷产量;另外,我们还做了对比实验,如表 2-4。

表 2-4　二氧化锰作催化剂制取甲烷反应的比较

项目＼方案编号		1		2	
原料	NaAc	2 g		2 g	
	NaOH	1.2 g		1.2 g	
	MnO_2	0.2 g			
反应时间(min)		8	7	8	9
产量(mL)		605	595	610	615
备注		原料直接装入试管,实验后试管破裂		原料盛在"铝舟"内,普通试管不破裂	

注:实验在 25℃ 1 个大气压下进行。

如表 2-4 可见,二氧化锰与生石灰相似,只不过是一种填料。况且生石灰在吸水性方面优于二氧化锰,且价廉。其实质是,改进方案与中学教材方法的不同之处是减少了第三种配料的比例,增加了醋酸钠与氢氧化钠分子的接触机会。

4. 甲烷燃烧所形成的火焰呈黄色的探究

甲烷所形成的火焰呈黄色,是不是 Na^+ 的作用? 反应物中的 Na^+ 只能以钠的化合物的形式逸出,但是不能在气体中存留,可以通过水洗除去。我们将制得的甲烷气体与水多次振荡后点燃,或者通过水洗瓶、浓硫酸洗液瓶后点燃(在铝箔卷成的导管口点燃)发现火焰颜色变浅,但仍为淡黄色。说明甲烷火焰的黄色不是 Na^+ 的焰色反应,而是杂质气体引起的,反应过程中还发生下述副反应:

$$2CH_3COONa \xrightarrow{灼热} CH_3COCH_3 + Na_2CO_3$$

$$2CH_4 \xrightarrow{灼热} C_2H_4 + 2H_2$$

副反应生成丙酮和不饱和烃等杂质气体,是使火焰颜色变黄的主要原因。若将所制得的甲烷气体与酸性高锰酸钾溶液多次振荡后点燃,则可以得到接近浅紫色的火焰。

参考文献:

[1] 苗深花,韩庆奎. 化学实验教学论[M]. 北京:科学出版社,2012.

[2] 马建峰. 化学实验教学论[M]. 北京:科学出版社,2006.

[3] 文庆城. 化学实验教学研究[M]. 北京:科学出版社,2003.

[4] 周渊. 实验室制取甲烷的最佳条件探讨[J]. 内蒙古教育学院学报,1994,12,(4):168~169.

[5] 秦丙昌,宋正华,付小普. 甲烷制备实验的探讨[J]. 化学教学,2003,(10):12~13.

2.3　锌与硫酸反应的实验探究

实验目的

1. 探索实验室制取氢气的研究方法,即运用控制变量的方法,探究不同质量、不同性质、不同类型的锌与不同浓度的硫酸反应,通过测量反应速率,对反应效果进行比较分析,得出研究结论。

2. 通过该实验的设计与探究,较好地培养学生的实验设计与探究的能力,从而提高学生的科学素养。

🔍 **实验方案探究**

锌与硫酸反应制取氢气是实验室比较常用的一种方法。首先,由于锌与硫酸反应在常温下就可以进行且速度适中,硫酸不易挥发,有利于观察反应现象;其次,锌与硫酸在实验室中容易得到,容易保存,反应前基本不需要处理药品;而且锌与硫酸反应符合绿色化学观念,反应不会产生有害气体。

1. 实验原理

$$Zn + H_2SO_4 \Longrightarrow H_2 \uparrow + ZnSO_4$$

本实验采用单一变量的方法,在保证其他条件相同的条件下进行反应产生氢气,从实验开始产生气体时收集 H_2,收集 15 分钟,记录生成 H_2 的体积,看相同时间内收集气体的多少来比较反应的快慢。

2. 装置见图 2-4。

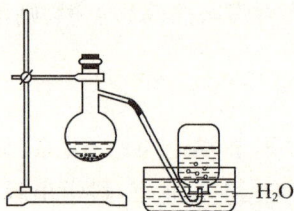

图 2-4　H_2 制取的实验装置

3. 实验探究

3.1　锌粒与不同浓度的硫酸反应

配制不同浓度的硫酸,取等体积硫酸与等质量的锌粒在相同温度下,反应的时间相同(15 min),收集反应产生的气体并测量气体的体积。根据产生气体的多少分析硫酸浓度对实验速度的影响。实验数据填入表 2-5。

表 2-5　不同浓度的硫酸与锌粒反应

硫酸浓度(mol/L)	硫酸体积(mL)	锌粒质量(g)	产气量(mL)	反应速率(mL/min)
1	30	5		
2	30	5		
3	30	5		
4	30	5		

讨论:在相同的温度和实验条件下,反应速率随酸浓度的增加是如何变化的? 试分析原因。

当其他条件不变时,对于某一反应来说,活化分子在反应物分子中所占的百分比是一定的,因此单位体积内活化分子的数量与单位体积内反应物分子总数成正比,即和反应物浓度成正比。当反应物浓度增加时,单位体积分子数增多,活化分子数也相应增大,化学反应速率也会随之增加。

3.2 不同质量的锌粒与硫酸的反应

取不同质量的锌粒与相同浓度、相同体积的硫酸在相同的温度下,反应的时间相同(15 min),收集反应产生的气体并测量气体的体积。实验数据填入表2-6。

表 2-6 不同质量的锌粒与硫酸的反应

锌粒质量(g)	硫酸浓度(mol/L)	硫酸体积(mL)	产气量(mL)	反应速率(mL/min)
3	3	30		
5	3	30		
7	3	30		
10	3	30		

讨论:在相同条件下,反应速率随参加反应锌粒质量的增加是怎样变化的?试分析原因。

由于参加反应的锌粒是同一类型的,故其成分、形状、颗粒大小均是相同的,因此增加固体反应物锌粒的质量,会增加锌颗粒的数量,增加参加反应锌粒的表面积,即增大了锌粒与酸的接触表面积,故增大了反应速率。

3.3 不同性质的锌粒与硫酸反应

取等质量的新锌粒和实验后回收的锌粒与相同浓度、相同体积的硫酸在相同的温度下,反应的时间相同(15 min),收集反应产生的气体并测量气体的体积。实验数据填入表2-7。

表 2-7 不同性质的锌粒与硫酸反应

锌粒	质量(g)	酸浓度(mol/L)	酸体积(mL)	反应前锌粒外状	反应后锌粒外状	产气量(mL)	反应速率(mL/min)
新锌粒	5	3	30	银白色,表面光滑	灰白色,表面变粗糙		
回收锌粒	5	3	30	灰黑色,表面粗糙	黑色,表面粗糙不平		

讨论:在相同条件下,2种锌粒反应速度有什么不同?试分析原因。

新锌粒的纯度大于99.8%,即杂质含量小于0.2%,而回收锌粒中杂质含量远远大于新锌粒。纯度高的锌与硫酸反应时,反应产生的氢气会附着在锌的表面,锌是对氢超电势比较高的金属,产生的氢超电势会影响反应的继续进行。而锌粒中杂质主要包含Pb、Bi、Cu、Sn等金属,这些杂质金属超电势小,且这些金属杂质微粒可以和锌粒形成许多微小的原电池,因此,可使反应能够继续进行。故回收锌粒与酸的反应速率明显大于新锌粒与酸的反应速率。因此,在此实验教学中要积极鼓励学生回收没有反应完的锌粒,废物利用,培养学生的节约意识。

3.4 不同形状的锌与硫酸反应

取等质量的不同形状的锌粉、锌粒、锌片与相同浓度、相同体积的硫酸在相同的温度下反应,反应的时间相同(15 min),收集反应产生的气体并测量气体的体积。实验数据填入表2-8。

表 2-8   不同形状的锌与硫酸反应

锌	锌的质量(g)	硫酸浓度(mol/L)	硫酸体积(mL)	产气量(mL)	反应速率(mL/min)
锌粉	5	3	30		
锌粒	5	3	30		
锌片	5	3	30		

讨论:根据实验结论分析固体的形状(表面积)对实验速率的影响。

锌片的纯度大于 99.98%,而锌粒的纯度大于 99.8%,纯度越高,锌中所含杂质越少。杂质主要包含 Pb、Bi、Cu、Sn 等金属,而这些杂质接触到电解质溶液硫酸能形成原电池反应,会使活泼金属锌失电子而被氧化,即发生了电化学腐蚀,会加快反应速率,故锌粒与硫酸反应的反应速率大于锌片的反应速率;而在影响化学反应速率的因素中,接触面积是其中的一个重要因素之一,锌粉与硫酸的接触面积远远大于锌粒与锌片,故锌粉与硫酸反应的反应速率远远大于锌粒与锌片。

参考文献:

[1] 马建峰. 化学实验教学论[M]. 北京:科学出版社,2006.

[2] 傅献彩,沉文霞等. 物理化学(下册)[M]. 第五版. 北京:高等教育出版社,2008.

[3] 刘继居. 对锌与硫酸反应几个问题的整合与思考[J]. 成才之路,2001,(27):47.

[4] 金立藩,张德钧. 中学化学实验大全(上册)[M]. 南京:江苏科学技术出版社,1987.

[6] 武汉大学,吉林大学等校编. 无机化学(上册)[M]. 第三版. 北京:高等教育出版社,2008.

2.4   影响化学反应速率的实验探究

🔍 实验目的

1. 探索影响化学反应速率的实验因素。即运用控制变量的方法,探究不同物质、不同浓度、温度、催化剂和不同表面积对化学反应速率的影响,通过测量反应速率,对反应效果进行比较分析,得出研究结论。

2. 通过该实验的设计与探究,较好地培养学生的实验设计与探究的能力,从而提高学生的科学素养。

🔍 实验方案探究

1. 物质本身的性质对化学反应速率的影响

在常温常压下,取表面积大致相同的镁条、锌片、铁片各 1.0 g,分别与 50 mL 同浓度的盐酸(3 mol/L 盐酸)反应,等镁条、锌片、铁片完全反应后,分别记录反应的时间,并收集反应生成的气体。实验数据填入表 2-9。

表 2-9　不同的金属与酸反应的速率情况

	反应时间(s)	产生气体量(mL)	反应速率(mL/s)
Mg+HCl			
Zn+HCl			
Fe+HCl			

讨论:在其他条件相同的情况下,三种金属与盐酸的反应快慢有何不同? 分析产生这种现象的原因。

我们知道,化学反应的发生,总要以反应物之间的接触为前提,即反应物分子之间的碰撞是先决条件。没有粒子间的碰撞,反应无法进行。分子与分子之间并非每一次碰撞都要发生预期的反应,只有非常少的碰撞是有效的。首先,分子无限接近时,要克服斥力,这就要求分子具有足够的运动速度,即能量。具备足够的能量是有效碰撞的必要条件,有效碰撞的反应物的分子的总能量必须具备一个最低的能量值。将具备足够能量的反应物分子组称为活化分子组。分子组的能量要求越高,活化分子组的数量越少,不同物质的活化能是不同的,分子的能量不断变化,活化分子组也不是固定不变的,可见,物质本身的性质对于化学反应是很关键的。

实验结论:物质本身的性质决定了化学反应速率的快慢。

2. 浓度对化学反应速率的影响

在常温常压下,取大小相同、表面积相同的锌片(1.6 g)分别与 50 mL 不同浓度的盐酸(1 mol/L、2 mol/L、3 mol/L)反应,完全反应后,分别记录反应时间,并收集反应生成的气体。实验数据填入表 2-10。

表 2-10　不同浓度的酸与金属的反应速率

盐酸浓度(mol/L)	反应时间(s)	产生气体量(mL)	反应速率(mL/s)
3			
2			
1			

讨论:在其他条件不变时,浓度不同,化学反应的速率有何变化? 分析原因。

由实验数据可知,在其他条件不变时,浓度不同,化学反应的速率也不一样。这是因为在温度一定时,对某一化学反应来说,反应物中的活化分子百分数是一定的。如果设单位体积内分子总数为 M,活化分子百分数为 n,则可以用公式表示为 $n = M \times x\%$,当增大反应物浓度后,虽然活化分子百分数 $x\%$ 没有变化,但单位体积内分子数 M 增多了,由 $n = M \times x\%$ 可知,活化分子数 n 增多了,从而增加了单位时间内反应物分子间的有效碰撞次数,导致化学反应速率加快。即增大反应物的浓度→活化分子数 n 增多→有效碰撞次数增多→化学反应速率加快。

实验结论:一般情况下,反应物的浓度越大,化学反应越快;反之,反应物的浓度越小,化学反应越慢。

3. 温度对化学反应速率的影响

在常温常压下,取表面积相同的镁条(1.2 g)分别在不同温度(常温、加热)下与 50 mL 同浓度盐酸(3 mol/L)反应,分别记录反应时间,并收集反应生成的气体。实验数据填入表 2-11。

表 2-11　不同温度下金属与酸的反应速率

反应温度(℃)	反应时间(s)	产生气体量(mL)	反应速率(mL/s)
20			
40			
60			
80			

讨论:根据实验结果,当其他条件不变时,升高温度,化学反应速率会发生怎样的变化? 分析原因。

当其他条件不变时,升高温度,可以加快化学反应速率。由公式 $n = M \times x\%$ 可知,升高温度时,单位体积内分子总数 M 不变,但一部分普通分子吸收能量后变为活化分子,增大了活化分子的数目,所以活化分子数 $n = M \times x\%$ 增多了,导致分子的有效碰撞次数增多,化学反应速率加快。即升高温度→活化分子百分数增多→活化分子数增多→有效碰撞次数增多→化学反应速率加快。

实验结论:温度越高,化学反应速率越快;反之,温度越低,化学反应速度越慢。

4. 催化剂对化学反应速率的影响

取 2 支试管,用量筒分别加入 5 mL 5% H_2O_2 溶液,在其中 1 支试管中加入 0.2 g MnO_2 粉末,用连有注射器的橡胶塞迅速塞好试管,另一支试管不加 MnO_2 粉末,按下秒表计时,等完全反应后,迅速拔掉试管上的塞子,读取 2 支注射器中气体的体积,实验数据填入表 2-12。

表 2-12　有无催化剂条件下的反应速率

有无催化剂	反应时间(s)	产生气体量(mL)	反应速率(mL/s)
无			
有			

讨论:催化剂对化学反应速率是如何影响的? 试解释现象。

催化剂能改变此化学反应的速率。通常讲,催化反应分为均相催化和非均相催化两类。若反应物和催化剂处于同一相中,不存在相界面的催化反应称为均相催化;若产物之一对反应本身有催化作用称为自催化反应。使用催化剂能改变化学反应速率。碰撞理论认为,由于催化剂参加了化学反应的变化过程,改变了原来反应的途径,降低了反应的活化能,大大增加了活化分子百分数 $x\%$,虽然单位体积内分子总数 M 不变,但活化分子数 $n=M\times x\%$ 大大增多了,从而加快了化学反应速率。

实验结论:催化剂可以改变化学反应速率,一般是正催化剂能加快反应速率,负催化剂能减慢反应速率。

5. 表面积对化学反应速率的影响

取块状碳酸钙、碳酸钙粉末各 2.5 g 分别与 50 mL 同浓度盐酸(3 mol/L)反应。记录反应时间,收集反应产生的气体。实验数据填入表 2-13。

表 2-13　不同表面积的碳酸钙与酸的反应速率

形状	反应时间(s)	产生气体量(mL)	反应速率(mL/s)
块状			
粉末状			

讨论:试分析实验结论。

物质是由分子组成的,化学反应是分子或离子之间的反应,不论是块状碳酸钙还是粉末状碳酸钙,都是和盐酸中的氢离子发生反应,都是氢离子吸附在碳酸钙上。在温度、压强都相同的情况下,吸附的氢离子越多,反应就会越快,粉末状的碳酸钙表面积要大于块状的,所以前者在同一时间内吸附的氢离子多,反应就更迅速。

实验结论:在其他条件相同时,增大固体反应物的表面积,化学反应速率加快;减小固体反应物的表面积,化学反应速率降低。

另外,对于有气体参加的反应来说,在相同条件下,增大压强,可以加快化学反应速率。增大压强即减小反应容器的体积,导致反应物浓度增大,化学反应速率加快。所以压强对化学反应速率的影响最终应归结为浓度对化学反应速率的影响。即增大压强→减小反应容器的体积→增大反应物浓度→化学反应速率加快。

参考文献:

[1] 傅献彩,沈文霞等. 物理化学(下册)[M]. 北京:高等教育出版社,2008.

［2］苗深花,韩庆奎. 化学实验教学论［M］. 北京:科学出版社,2012.

［3］金立藩,张德钧. 中学化学实验大全(上册)［M］. 南京:江苏科学技术出版社,1987.

［4］陈瑞芝. 对化学反应速率的实验教学研究［J］. 化学教学,2007,(8):48～50.

［5］孙月茹,金从武. 化学反应速率教学中探究实验的设计与实践［J］. 教学仪器与实验,2011,(9):8～10.

2.5　酸的浓度对 CO_2 产生速率影响的实验探究

🔍 实验目的

1. 通过实验来探究反应物溶液的浓度即酸的浓度对产生二氧化碳气体的影响,以中学实验室制取二氧化碳的装置为母版,在实验探究中发现问题,用实验验证解决方案,并通过一次次的实验对其进行改进、优化,最终得到一种较为理想的课堂演示方案。

2. 通过该实验的设计与探究,较好地培养学生的实验设计与探究的能力,从而提高学生的科学素养。

🔍 实验方案探究

1. 实验原理

在实验室里,二氧化碳常用稀盐酸与大理石(或石灰石,主要成分都是碳酸钙)反应来制取。

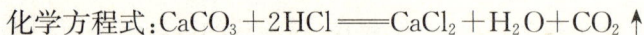

化学方程式: $CaCO_3 + 2HCl =\!=\!= CaCl_2 + H_2O + CO_2 \uparrow$

离子方程式: $CO_3^{2-} + 2H^+ =\!=\!= H_2O + CO_2 \uparrow$

实验采用控制变量的方法,在保证其他条件相同的情况下进行反应产生 CO_2,从实验开始产生气体时收集 CO_2。在时间 t 内收集气体体积为 V,则速率 $v = V/t$。

2. 实验思路

此探究实验是由一系列实验组成的。首先通过几组试探实验来确定样石与酸溶液的反应情况(剧烈程度、反应时间、总产气量等),进而确定药品用量及实验固定反应时间或收集气体的体积,最终通过实验获得不同浓度的盐酸条件下速率 v 的数值,并针对实验过程中出现的问题对装置进行改进。

3. 实验装置

实验装置以实验室常用的二氧化碳的制取装置(见图 2-5)为母版进行实验探究及改进。

图 2-5　实验室常用的二氧化碳制取装置

4. 实验探究

4.1　石子小碎粒与不同浓度的盐酸反应

配制 1 mol/L、2 mol/L、3 mol/L、6 mol/L 浓度的盐酸溶液,将石子砸成小碎粒。取等质量的石子小碎粒与 60 mL(由启普发生器的大小确定)的不同浓度的盐酸溶液,在其他条件相同的情况下进行反应,观察反应剧烈程度,记录反应时间及气体生成量。由气体产量估算样石中碳酸钙含量。实验装置改进为图 2-6,反应情况见表 2-14。

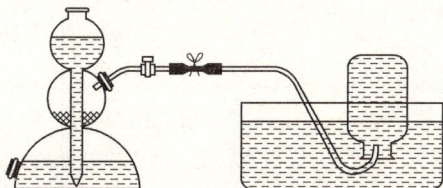

图 2-6　石子小碎粒与不同浓度的盐酸反应的装置

表 2-14　**石子小碎粒与不同浓度的盐酸反应**

盐酸浓度(mol/L)	1	2	3	6
石子质量 m(g)	2	2	2	2
产气时间 t(s)	1853	378	347	238
产气量 V(mL)	147	159	167	175
剧烈程度	缓慢	缓慢	缓慢	前期速度稍快,后期缓慢

实验结果分析:

(1) 由所用样石质量及总反应气体体积可粗略判断该样石碳酸钙含量在 40% 左右。

(2) 四组实验皆反应缓慢,不利于课堂实验演示。并且虽然小碎粒初始的质量相同,但其表面积却不同,不符合控制变量法。

(3) 随反应进行,溶液浓度发生改变,整体反应速率不均匀。

实验改进思路:

(1) 为节省盐酸溶液,每 1 g 样石可加入 10 mL 等体积的盐酸溶液。

(2) 选用石粉代替小碎粒。

(3) 选取反应刚开始、浓度变化不大、速率较平稳的一段时间作为记录对象。

4.2　石子粉末与不同浓度的盐酸反应(1)

将石子小碎粒碾成粉末,取等质量的石子粉末与等体积的不同浓度的盐酸溶液反应,控制其他条件相同,观察反应剧烈程度,记录反应速率平稳的时间及气体生成量。实验装置见图 2-7,实验情况见表 2-15。

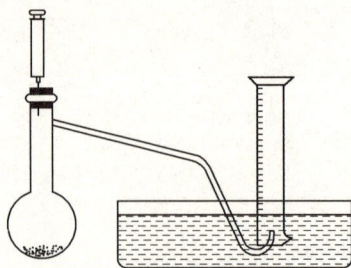

图 2-7　石子粉末与不同浓度的盐酸反应的装置(1)

表 2-15　石子粉末与不同浓度的盐酸反应

盐酸浓度 (mol/L)	石子质量 $m(g)$	盐酸体积 V_{HCl} (mL)	1		2		3	
			产气时间 $t(s)$	产气量 V(mL)	产气时间 $t(s)$	产气量 V(mL)	产气时间 $t(s)$	产气量 V(mL)
1	1	10	13.4	2.5	11.4	2.1	14.5	2.7
2	1	10	32	24	27	26	31	27
3	1	10	16	23	13	22	14	24
6	1	10	5.8	34	5.4	32	5.3	31

实验结果分析:

选用 1 mol/L 的盐酸溶液时,其平稳反应时间在 10~15 s,生成气体体积为 2~3 mL;选用 2 mol/L 的盐酸溶液时,其平稳反应时间在 30 s 左右,生成气体体积在 25 mL 左右;选用 3 mol/L 的盐酸溶液时,其平稳反应时间在 15 s 左右,生成气体体积在 20~25 mL;选用 6 mol/L 的盐酸溶液时,其平稳反应时间为 5~6 s,生成气体体积为 30~35 mL。

根据这一实验事实,确定实验时固定的时间或气体体积(需小于所记录数值):

表 2-16　建议各组实验固定时间及气体体积(每 1 g 样石、10 mL 盐酸溶液)

盐酸浓度 (mol/L)	1	2	3	6
产气时间 $t(s)$	10	10~25	10	/
产气量 V(mL)	2~3	20~25	10~15	30

因反应迅速须在瞬间将注射器内的酸溶液注入圆底烧瓶内,如此一来盐酸溶液的冲击力会使石子粉末吸附在玻璃内壁上,使反应不能充分进行,所以需要进一步改进。

4.3　石子粉末与不同浓度的盐酸反应(2)

把上述装置的圆底烧瓶改为 Y 形管,见图 2-8。在 Y 形管的两端分别加入 1 g 石子粉末与 10 mL 的不同浓度的盐酸溶液。在其他条件相同的条件下倾斜 Y 形管,使盐酸溶液流入装有石粉的一端,反应开始进行。对照表 2-16,自由确定固定量并记录测试量,平行三次实验,数值见表 2-17。

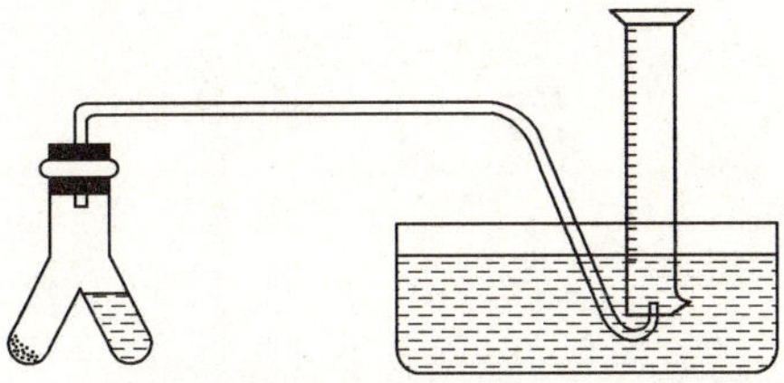

图 2-8 石子粉末与不同浓度的盐酸反应的装置(2)

表 2-17 1 g **石子粉末与** 10 mL **不同浓度的盐酸反应**

盐酸浓度(mol/L)		1	2	3	4
1	产气时间 t(s)	11.3	25	10	5.5
	产气量 V(mL)	2	14.3	14.4	30
	产气速率 v(mL·s^{-1})	0.177	0.572	1.44	5.455
2	产气时间 t(s)	11.1	25	10	5.1
	产气量 V(mL)	2	13.7	14.7	30
	产气速率 v(mL·s^{-1})	0.180	0.548	1.47	5.882
3	产气时间 t(s)	11.7	25	10	5.4
	产气量 V(mL)	2	15.1	14.1	30
	产气速率 v(mL·s^{-1})	0.171	0.604	1.41	5.556
平均产气速率 v(mL·s^{-1})		0.176	0.575	1.44	5.631

实验结果分析:

在相同的温度和实验条件下,反应刚开始一段时间(可认为酸溶液的浓度不变),产气量(即反应速率)随酸浓度的增加而增加,说明 CO_2 生成速率与酸液浓度存在正相关关系,即 $v(CO_2) \propto c(HCl)$。

原因:当其他条件不变时,对于某一反应来说,活化分子在反应物分子中所占的百分比是一定的,因此单位体积内活化分子的数量与单位体积内反应物分子总数成正比,即和反应物浓度成正比。当反应物浓度增加时,单位体积分子数增多,活化分子数也相应增大,化学反应速率也会随之增加。

4.4 其他实验方法

实验 4.3 的装置已经趋于完善,但水槽的存在限制了实验只能在讲台或课桌上演示,不利于学生的积极参与。笔者在此设计了一种较为简易的装置(图 2-9)。所设计课堂演示实验装置,整体由 Y 形试管及两支碱式滴定管用橡胶管串联而成,一般中学化学实验室皆可制作。

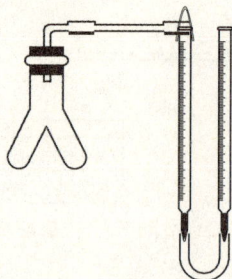

图 2-9　简易实验装置

左侧 Y 形管两端分别加入适量石粉与盐酸溶液(生成气体体积须小于滴定管示数),右侧滴定管内加入适量的水(不宜过多,浸过刻度线即可),水中滴加 2 滴酚酞试液,可使现象更加明显,倾斜 Y 形管即可反应。反应时,教师可手持装置走下讲台,便于学生观看,学生亦可自己动手操作,大大提高了学生的参与性。

参考文献:

[1]王曙光. 控制变量法:研究和解决问题的重要方法[J]. 物理教师,2002,(7):14～15.

[2]王宪德."二氧化碳的制取和性质"课模设计探讨[J]. 化学教学,2012,(2):27～29.

[3]缪徐."二氧化碳制取的研究"教学设计及点评[J]. 中学化学教学参考,2009,(3):18～21.

[4]陈瑞芝. 对化学反应速率的实验教学研究[J]. 化学教学,2007,(8):48～50.

2.6　乙酸乙酯水解实验改进及最佳反应条件的探究

🔍 实验目的

1. 通过实验探究出乙酸乙酯水解的最佳反应条件,使实验步骤更加合理,实验现象更加明显,更有利于学生对实验的观察和理解,提高课堂教学效率,达到预期的教学效果。

2. 通过该实验的设计与探究,较好地培养学生的实验设计与探究的能力,从而提高学生的科学素养。

实验方案探究

1. 实验原理

与水发生水解反应是酯类的重要化学性质,其原理可用下式概括:

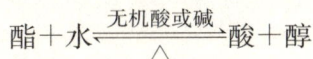

$$酯＋水 \underset{\triangle}{\overset{无机酸或碱}{\rightleftharpoons}} 酸＋醇$$

由该式可以看出,酯的水解反应实际上是酯化反应的逆反应,反应条件是加热,并且用无机酸或碱作催化剂。乙酸乙酯水解方程式如下:

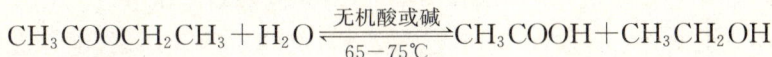

$$CH_3COOCH_2CH_3＋H_2O \underset{65-75℃}{\overset{无机酸或碱}{\rightleftharpoons}} CH_3COOH＋CH_3CH_2OH$$

酯的水解反应是酯化反应的逆反应,是吸热反应。因此加热不仅能加快反应速率,而且能促进反应的正向进行。

乙酸乙酯,化学式为 $CH_3COOC_2H_5$,通常状况下为无色、有芬芳气味的液体,沸点 77.15℃,相对于水的密度为 0.9003,微溶于水,易挥发。

酸或碱对酯的水解都能起催化作用,能够加快反应的进行,如果不用催化剂,反应进行得很慢。在常温下,乙酸乙酯在蒸馏水、酸和碱溶液中水解程度很小。

虽然酸或碱都能催化酯的水解,但对这个反应的影响是不一样的。酸能加快乙酸乙酯的水解速率,在酸性条件下乙酸乙酯的水解反应是可逆反应;碱不仅是催化剂,而且还能跟水解生成的酸发生中和反应,这样就使酯化和水解的平衡向水解的方向移动,增大了水解的程度,是不可逆反应。

2. 实验探究

在中学教学中,当教师演示乙酸乙酯水解反应时,按照教科书(人民教育出版社 2004 年版)中的要求进行实验演示,效果不佳。主要存在如下不足:一是乙酸乙酯没有染色,教室后边的同学看不清实验现象;二是加热温度偏高(70～80℃),会使乙酸乙酯以及水解生成的乙醇、乙酸挥发,造成一定的误差;三是用闻气味法来区别水解的程度是不恰当的(有的同学闻不出来),不仅分辨率低,不具说服力,而且也不能使全班同学都能获得明显的体验;四是教科书中所用乙酸乙酯的用量较小(仅加入 6 滴),若时间控制不当,则在酸性、碱性介质中均可能全部水解,不利正确结论的得出。因此,我们对此实验进行了如下探讨。

探讨:(1) 关于该反应的加热温度。中学教科书上演示乙酸乙酯的水解实验时,加热温度要求控制在 70～80℃之间;有的资料上则把温度控制在 60～70℃之间。我们认为水解温度应控制在 65～75℃之间,效果会更好,由于乙酸乙酯的沸点为 77.15℃,所选温度要尽量高但又不能超过其沸点。

(2) 关于该反应的催化剂。该反应可用 H_2SO_4 溶液,也可用 NaOH 溶液作催化剂,用这两种物质作催化剂时,其浓度、体积的变化对反应有没有影响,什么条件下效果最好,酯的减少又如何看出?为了弄明白这几个问题,还需要做如下实验探究。

2.1 染色实验探究

在实验中,使用了给溶液染色和给乙酸乙酯染色两种方法,使乙酸乙酯与水层有明显的染色差别。

(1) 溶液染色

实验步骤:

① 取 3 支 20 mm×150 mm 的试管,分别标为 A、B、C,各加入 5 mL 蒸馏水后,再分别加入蒸馏水、稀硫酸(1∶5)、30%的氢氧化钠溶液各 0.5 mL。然后向 A、B 两支试管中各滴加 10～15 滴甲基橙试液,在 C 试管中滴加 10～15 滴石蕊试液。

② 向上述三支试管中各加入 2 mL 乙酸乙酯,振荡后静置片刻,则 3 支试管中均有不同的颜色分层(见图 2-10 Ⅰ)。

③ 把上述 3 支试管都放入 65～75℃的水浴里加热 3 min,观察现象(如图 2-10 Ⅱ)。

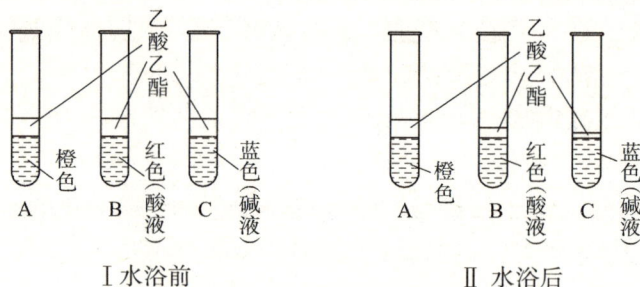

Ⅰ 水浴前   Ⅱ 水浴后

图 2-10 乙酸乙酯水解反应

实验现象:

水浴前,如图 2-10 Ⅰ中,A 试管下层水呈橙色,B 试管下层酸溶液呈红色,C 试管下层碱液呈蓝色,三支试管中的乙酸乙酯都略有减少。

水浴后,如图 2-10 Ⅱ中,在 A 试管里,蒸馏水上层的乙酸乙酯基本上没有变化;在 C 试管里,碱液上层的乙酸乙酯绝大部分被水解,仅余下一薄层;而 B 试管里,酸液上层的乙酸乙酯减少量处于 A、B 两支试管之间。

实验结论:

① 用甲基橙给溶液染色可以很好地区分乙酸乙酯和水层,更加方便观察。

② 常温下,乙酸乙酯在蒸馏水和酸碱溶液中水解程度都很小;通过水浴加热和振荡,在酸和碱溶液中,乙酸乙酯的水解程度较大,而在蒸馏水中水解程度很小。

(2) 乙酸乙酯染色

依据相似相溶原理,将油溶性染色剂溶于乙酸乙酯中,例如向 3 支试管中均加入等量的甲基红(绿豆大一粒即可);或把等量的红蜡烛溶入 3 支试管中;也可用红蓝铅笔中的红笔芯代替等,都能对油层染色。通过观察比较水解的红色酯层体积的大小,而判断水解情况,效果同样很好。

实验选择了多种染色剂给乙酸乙酯染色,并且将染色剂溶于水和酸碱溶液中,比较其染色效果,见表 2-18。

表2-18　各种染色剂染色情况

液层 \ 染色剂	甲基红	亚甲基蓝	盐基品红	红色铅笔芯
乙酸乙酯	深红色	淡紫色	深红色	粉红色
蒸馏水	黄绿色	深蓝色	深红色	无色
酸溶液	红色	蓝色	黄色	无色
碱溶液	黄色	紫色	红色沉淀,溶液几乎无色	无色

比较表中各种染色剂的染色效果,红色铅笔芯粉末染色效果较好,能将乙酸乙酯染成红色,而溶液不会被染色,如此就能较为清晰地区分乙酸乙酯层和溶液层。因为红蓝铅笔芯粉末溶于乙酸乙酯中,而不溶于水溶液,酯层可以与水层明显区分开来。该方法简便易行。

2.2　酸碱浓度对水解反应速率影响的探究

在本实验中,选择在三种情况下进行乙酸乙酯的水解反应,分别是在蒸馏水、硫酸溶液和氢氧化钠溶液中。

为体现化学实验的对照原则和定量原则,用蒸馏水与乙酸乙酯的反应作为对照,并选用相同浓度的酸和碱进行对比实验。同时,为寻找最佳的酸碱浓度,设置了一系列酸碱溶液的浓度梯度来探究其对水解反应的影响。

反应中选取乙酸乙酯的体积为2 mL,改变酸和碱溶液的用量和浓度分别进行实验。根据试管的大小,溶液的量分别选取了5 mL、8 mL进行实验,并用等体积的蒸馏水作为对照。硫酸和氢氧化钠溶液的浓度分别选取了1 mol/L、2 mol/L、3 mol/L、4 mol/L、5 mol/L进行实验。

（1）实验步骤

① 取3支20 mm×150 mm的试管,分别标为A、B、C,分别加入5 mL(或者8 mL)蒸馏水、一定浓度的硫酸溶液和氢氧化钠溶液。

② 向上述三支试管中各加入2 mL用红色铅笔芯染色的乙酸乙酯,振荡后静置片刻,记录此时乙酸乙酯在试管中的高度h,此时为"0"时刻的高度。

③ 把上述3支试管都放入65～75 ℃的水浴里加热,每加热一分钟,将三支试管取出振荡后静置,再次测量乙酸乙酯的高度,记录。如此反复加热至第8分钟为止。

（2）实验结果及讨论

记录乙酸乙酯在催化剂体积相同而浓度不同的条件下,随时间变化的水解情况。结果见表2-19至表2-21。

表 2-19 乙酸乙酯水解剩余高度 h(mm)(酸碱浓度为 1 mol/L,体积为 5 mL)

时间(min) / h(mm)	0	1	2	3	4	5	6	7	8
蒸馏水	10.0	10.0	10.0	10.0	10.0	10.0	10.0	10.0	10.0
H_2SO_4	11.0	11.0	10.0	8.5	6.5	4.0	1.0	0	
NaOH	11.0	9.0	8.0	7.5	7.0	6.5	6.5	6.5	6.5

实验现象:从表 2-19 可见,在蒸馏水中,即使在加热条件下,乙酸乙酯几乎不水解,而在酸和碱溶液中水解迅速。前三分钟乙酸乙酯在 NaOH 溶液中比在 H_2SO_4 溶液中水解得要快,三分钟以后乙酸乙酯在 H_2SO_4 溶液中的水解程度超过在 NaOH 溶液中的水解程度。

实验分析:前三分钟,乙酸乙酯在碱溶液中的水解速度比在酸中快,是因为水解产生的乙酸与碱发生了中和反应,促进了反应的正向进行。同时由于氢氧化钠被乙酸中和,其浓度降低,碱的催化作用减弱,所以三分钟后酯的水解速率减慢,直到反应速率减到零。而在酸性条件下,硫酸的浓度保持不变,其对乙酸乙酯的催化作用保持不变,直至全部水解。

表 2-20 乙酸乙酯水解剩余高度 h(mm)(不同浓度的酸碱体积都是 5 mL)

浓度(mol/L)	时间(min) / h(mm)	0	1	2	3	4	5	6	7	8
1.0	H_2SO_4	12.0	11.0	10.0	8.0	7.0	5.0	1.0	0	
	NaOH	12.0	8.0	8.0	8.0	8.0	7.0	7.0	7.0	6.5
2.0	H_2SO_4	12.0	11.0	10.0	8.5	6.0	3.5	0		
	NaOH	12.0	12.0	8.5	7.0	6.0	5.0	5.0	5.0	5.0
3.0	H_2SO_4	12.0	11.0	6.5	6.5	3.0	3.0	0		
	NaOH	12.0	9.5	9.5	3.5	1.5	1.0	1.0	1.0	1.0
4.0	H_2SO_4	12.0	11.0	10.5	8.0	5.0	0			
	NaOH	12.0	11.0	11.0	10.0	9.0	8.0	7.0	6.0	0
5.0	H_2SO_4	12.0	11.0	10.5	8.0	3.0	0			
	NaOH	12.0	12.0	12.0	11.5	11.0	10.5	10.0	10.0	8.5

由表 2-20 可见,当酸作为催化剂时,随着酸浓度的增大,乙酸乙酯的水解速率不断增大。

当碱作为催化剂时,随碱浓度的增大,其催化速率先变快后变慢,当浓度为 3 mol/L 时,其催化速率最快。

为了验证在碱溶液中的规律是否准确,又选择不同浓度、体积为 8 mL 的碱溶液进行实验,实验数据见表 2-21。

表 2-21　乙酸乙酯水解后剩余高度 h(mm)(碱体积是 8 mL)

浓度(mol/L) \ 时间(min)	0	1	2	3	4	5	6	7	8
1.0	12.0	10.0	5.5	5.0	4.5	4.5	4.0	4.0	4.0
2.0	12.0	12.0	10.5	6.5	4.5	3.5	1.0	0.5	0.5
3.0	12.0	12.0	10.5	6.5	2.5	1.0	0		
4.0	12.0	12.0	11.5	10.5	10.0	9.0	8.0	5.5	4.5
5.0	12.0	12.0	11.5	11.5	11.5	10.0	10.0	9.5	9.0

由表 2-21 可见,当氢氧化钠溶液的体积是 8 mL,浓度为 3 mol/L 时,其催化速率最快。该实验同样验证了碱的浓度与水解反应速率不成直线关系,即乙酸乙酯的水解速率不随碱的浓度的增大而增快。碱的浓度过高反而抑制了乙酸乙酯的水解。

综上,可得到两个结论:

① 在相同浓度的不同溶液中,乙酸乙酯的水解速率:酸＞碱＞蒸馏水。

② 在 1～5 mol/L 的浓度范围内,硫酸浓度越高,乙酸乙酯的水解速率越快。而随着碱的浓度增加,水解速率先变快后变慢,当其浓度为 3 mol/L 时,其水解速率最快。

3. 实验结果

3.1　乙酸乙酯的水解实验主要进行的改进

(1) 给乙酸乙酯染色,便于观察酯层和水层。

(2) 增大乙酸乙酯用量(2 mL),便于从乙酸乙酯体积的变化判断其水解程度,并且避免了其在酸、碱性介质中全部水解的可能性。

(3) 用测量乙酸乙酯在试管中高度的方法来判断水解速率,比闻气味的方法更直观、准确。

3.2　乙酸乙酯水解最佳反应条件探究的结果

(1) 乙酸乙酯水解的最佳温度是 65℃～75℃。

(2) 催化剂的浓度对实验的影响:

在硫酸溶液催化作用下,乙酸乙酯的水解速率随着硫酸溶液浓度的增加而加快,当其浓度为 5 mol/L 时,乙酸乙酯水解速率最快。

在氢氧化钠溶液的催化作用下,随着其浓度的增加,水解速率先变快后变慢,氢氧化钠溶液的浓度为 3 mol/L 时,水解速度最快。

所以,当进行演示实验时,为了提高课堂效率,可选取浓度是 3 mol/L 的酸碱作催化剂进行实验,此时酸碱催化剂催化速率都较快,便于比较观察。

(3) 对于药品的用量,可根据中学实验仪器中试管的大小进行确定。例如采用 20 mm×150 mm 的试管,乙酸乙酯选用 2 mL,酸碱溶液选取 5～8 mL 较为合适。

参考文献：

[1] 苗深花. 乙酸乙酯水解反应的探究[J]. 化学教育,2003,(11):36～37.

[2] 夏立行,朱葆春. 对乙酸乙酯水解实验的改进[J]. 中学化学教学参考,2008,(06):44.

[3] 相虎. 酯的水解的实验改进[J]. 实验教学与仪器,2003,(04):45.

[4] 刘瑞华. 乙酸乙酯水解实验研究[J]. 内蒙古石油化工,2009,(08):134～136.

2.7 过氧化氢分解制取氧气催化剂选择的实验研究

实验目的

1. 通过选用不同类型的催化剂参与过氧化氢分解制取氧气的反应,测定某一时间段内过氧化氢分解产生的氧气量来分析催化剂的优劣,从而探究出适应此反应的最佳催化剂。

2. 通过该实验的设计与探究,较好地培养学生的实验设计与探究的能力,从而提高学生的科学素养。

实验方案探究

1. 实验原理

$$2H_2O_2 \xrightarrow{\text{催化剂}} 2H_2O + O_2 \uparrow$$

反应速率的测定原理:测定在某一时间段内氧气的生成量,比较催化剂的催化效果,选择出最佳的催化剂。

2. 实验装置

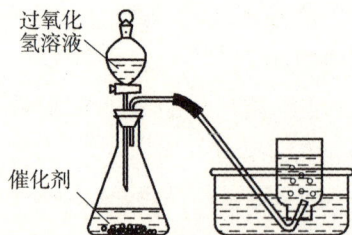

图 2-11 制取氧气的实验装置

3. 实验步骤

① 按图 2-11 所示,将装置连接好。

② 检查装置的气密性:用止水夹夹住乳胶管,向分液漏斗中注入水,打开分液漏斗活塞,水不会持续流入锥形瓶中,证明装置不漏气。

③ 在锥形瓶中加入适量的催化剂,塞上塞子。

④ 在分液漏斗中加入过氧化氢溶液,打开活塞,缓慢滴入溶液(根据反应速度确定滴加过氧化氢溶液的速度)。

⑤ 待气泡均匀且较快放出时,用排水法收集气体。

⑥ 关闭分液漏斗活塞,从水槽中取出导管,测量收集的气体体积。

4. 实验探究与结果分析

4.1 氧化物类催化剂对 H_2O_2 分解速率影响的研究

配制不同浓度的过氧化氢溶液,称取三份质量不同的氧化物类催化剂与等体积且浓度相同的过氧化氢溶液反应,反应相同时间,收集反应产生的气体并测量气体的体积。根据产生气体的多少分析氧化物类催化剂的用量以及 H_2O_2 的浓度对 H_2O_2 分解速率的影响。实验数据见表 2-22 至表 2-24。

表 2-22 二氧化锰作催化剂的影响

H_2O_2	MnO_2 用量(g)	O_2 生成量(mL)	时间(s)	O_2 生成速率(mL/s)
15 mL 5%	0.5	200	100	2
	1.0	300	100	3
	1.5	380	100	3.8
15 mL 10%	0.5	325	100	3.25
	1.0	522	100	5.22
	1.5	707	100	7.07
15 mL 20%	0.5	1610	100	16.1
	1.0	2510	100	25.1
	1.5	2890	100	28.9

表 2-23 氧化铜作催化剂的影响

H_2O_2	CuO 用量(g)	O_2 生成量(mL)	时间(s)	O_2 生成速率(mL/s)
15 mL 5%	0.5	190	100	1.9
	1.0	195	100	1.95
	1.5	198	100	1.98
15 mL 10%	0.5	200	100	2
	1.0	200	100	2
	1.5	203	100	2.03
15 mL 20%	0.5	205	100	2.05
	1.0	210	100	2.1
	1.5	210	100	2.1

表 2-24　三氧化二铁作催化剂的影响

H$_2$O$_2$	Fe$_2$O$_3$ 用量(g)	O$_2$ 生成量(mL)	时间(s)	O$_2$ 生成速率(mL/s)
15 mL　5%	0.5	180	100	1.8
	1.0	180	100	1.8
	1.5	180	100	1.8
15 mL　10%	0.5	182	100	1.82
	1.0	185	100	1.85
	1.5	185	100	1.85
15 mL　20%	0.5	187	100	1.87
	1.0	190	100	1.9
	1.5	190	100	1.9

结论:(1)过氧化氢的用量和浓度不变,随着催化剂用量的增加,氧气生成速率越来越快。

(2)催化剂用量不变,随着过氧化氢浓度增加,氧气生成速率也越来越快。

(3)对于氧化铜和三氧化二铁而言随用量的增加,氧气生成速率变化不大,所以说氧化铜和三氧化二铁不适合作催化剂。

(4)三种氧化物相比,二氧化锰对过氧化氢的催化效果最好。

4.2　盐类催化剂对 H$_2$O$_2$ 分解速率影响的研究

配制不同浓度的过氧化氢溶液,称取三份质量不同的盐类催化剂与等体积且相同浓度的过氧化氢溶液反应,反应相同时间,收集反应产生的气体并测量气体的体积。根据产生气体的多少分析盐类催化剂的用量以及 H$_2$O$_2$ 的浓度对 H$_2$O$_2$ 分解速率的影响。实验数据见表 2-25 至表 2-27。

表 2-25　硫酸铜作催化剂的影响

H$_2$O$_2$	CuSO$_4$ 用量(g)	O$_2$ 生成量(mL)	时间(s)	O$_2$ 生成速率(mL/s)
15 mL　5%	0.5	190	100	1.9
	1.0	193	100	1.93
	1.5	198	100	1.98
15 mL　10%	0.5	203	100	2.03
	1.0	200	100	2
	1.5	203	100	2.03
15 mL　20%	0.5	205	100	2.05
	1.0	213	100	2.13
	1.5	216	100	2.16

表 2-26 硫酸铝作催化剂的影响

H₂O₂	Al₂(SO₄)₃ 用量(g)	O₂ 生成量(mL)	时间(s)	O₂ 生成速率(mL/s)
15 mL 5%	0.5	180	100	1.8
	1.0	180	100	1.8
	1.5	180	100	1.8
15 mL 10%	0.5	182	100	1.82
	1.0	185	100	1.85
	1.5	185	100	1.85
15 mL 20%	0.5	187	100	1.87
	1.0	190	100	1.9
	1.5	190	100	1.9

表 2-27 三氯化铁作催化剂的影响

H₂O₂	FeCl₃ 用量(g)	O₂ 生成量(mL)	时间(s)	O₂ 生成速率(mL/s)
15 mL 5%	0.5	200	100	2
	1.0	300	100	3
	1.5	380	100	3.8
15 mL 10%	0.5	325	100	3.25
	1.0	522	100	5.22
	1.5	707	100	7.07
15 mL 10%	0.5	1610	100	16.1
	1.0	2510	100	25.1
	1.5	2890	100	28.9

结论:(1)过氧化氢的用量和浓度不变,随着催化剂用量的增加,氧气生成速率越来越快。

(2)催化剂用量不变,随过氧化氢浓度增加,氧气生成速率也越来越快。

(3)硫酸铜和硫酸铝均有催化作用,但是两者催化速率太慢,产率较低,故不适合作过氧化氢分解制氧气的催化剂。

(4)三种相比,三氯化铁对过氧化氢分解制氧气的催化效果最好。

4.3 各种催化剂对氧气生成速率比较

表 2-28 各种催化剂作用比较表

催化剂	刚加入	振荡后	加热后	余热木条试验
无催化剂	无明显现象	无明显现象	大气泡	火星亮些又暗下来
MnO₂(粉末)	少量密集小气泡	大量密集小气泡	更剧烈	木条复燃

(续表)

催化剂	刚加入	振荡后	加热后	余热木条试验
Fe 粉	无明显现象	无明显现象	密集小气泡	火星亮些又暗下来
CuO（粉末）	无明显现象	少量小气泡	大量小气泡	火星亮些又暗下来
$FeCl_3$ 溶液	大量小气泡	速率明显加快	更剧烈	木条复燃
炭粉	无明显现象	无明显现象	大量小气泡	火星亮些又暗下来
石灰水	无明显现象	无明显现象	大气泡	火星亮些又暗下来
木炭（块状）	无明显现象	无明显现象	大气泡	火星亮些又暗下来

由表 2-28 可得出：除了 MnO_2 和 $FeCl_3$ 溶液，其他几种物质都不适合作过氧化氢制氧气这个实验的催化剂，因为它们的催化速率太慢、产率太低；而又比较 MnO_2 和 $FeCl_3$ 溶液，$FeCl_3$ 溶液作催化剂时反应太剧烈、反应速率不好控制，不利于氧气的收集。故 MnO_2 是过氧化氢制氧气实验的最佳催化剂。

4.4 生物催化剂对氧气生成速率的影响

表 2-29　菠菜作催化剂的影响

H_2O_2	菠菜用量（g）	O_2 生成量（mL）	时间（s）	O_2 生成速率（mL/s）
10 mL　5%	0.5	100	200	0.5
10 mL　10%	1.0	125	200	0.625
10 mL　10%	1.5	150	200	0.75

而胡萝卜、白萝卜、土豆、苹果、橘子由于反应时间较长，产率较低，但从反应过程来看胡萝卜的效果较好，气泡小而均匀，而菠菜反应剧烈，反应速率不好控制。故胡萝卜是过氧化氢制氧气最好的生物催化剂。

5. 小结

实验中，同种催化剂之间根据量的不同做了对照实验，并且也对催化剂相同、过氧化氢浓度不同的实验进行了探究，此外通过定量分析还可以比较出不同催化剂对氧气生成速率的影响。

另外，本实验还应该加上温度不同时的实验的研究，为 MnO_2 是本实验最佳催化剂的结论增添新的、更完善的论据。

本实验对于环境污染不大，适合于绿色化学的研究范畴，希望以后越来越多的实验更加绿色环保。

参考文献：

[1] 孙丹儿，殷莉莉. 过氧化氢制氧气实验不同催化剂的探究[J]. 化学教学，2005，(11)：5～6.

［2］周勇,余丽琼,文丰玉等.CuO 对 H_2O_2 的催化作用探讨[J].内江师范学院学报,2004,(6):54～57.

［3］苗深花,韩庆奎.化学实验教学论[M].北京:科学出版社,2012.

［4］金立藩,张德钧.中学化学实验大全(上册)[M].南京:江苏科学技术出版社,1987.

［5］王家骅.催化剂对 H_2O_2 分解速度的影响实验改进[J].化学教育,1995,(8):50.

［6］马建峰.化学实验教学论[M].北京:科学出版社,2006.

附:有关过氧化氢的介绍

过氧化氢,化学式为 H_2O_2,其水溶液俗称双氧水,外观为无色透明液体,是一种强氧化剂,适用于伤口消毒及环境、食品消毒。

中文名:过氧化氢	相对分子质量:34.01
外文名:Hydrogen peroxide	化学品类别:无机物——过氧化物
别名:双氧水	管制类型:过氧化氢(易爆)
化学式:H_2O_2	储存:用瓶口有微孔的塑料瓶于阴凉处保存

1. 物理性质

外观与性状:水溶液为无色透明液体,有微弱的特殊气味。纯过氧化氢是淡蓝色的油状液体。实验室里常把 H_2O_2 装在棕色瓶内避光并放在阴凉处。

2. 化学性质

酸碱性:H_2O_2 是二元弱酸,具有酸性。

氧化性:具有较强的氧化性。

$$H_2O_2+2KI+2HCl\!=\!=\!=\!=2KCl+I_2+2H_2O$$

$$H_2O_2+H_2S\!=\!=\!=\!=S\downarrow+2H_2O \quad H_2O_2+SO_2\!=\!=\!=\!=H_2SO_4$$

注:在酸性条件下 H_2O_2 的还原产物为 H_2O,在中性或碱性条件下,其还原产物为氢氧化物。

还原性:$2KMnO_4+5H_2O_2+3H_2SO_4\!=\!=\!=\!=2MnSO_4+ K_2SO_4+5O_2\uparrow+8H_2O$

$$2KMnO_4+5H_2O_2\!=\!=\!=\!=2Mn(OH)_2+2KOH+5O_2\uparrow+2H_2O$$

$$H_2O_2+Cl_2\!=\!=\!=\!=2HCl+O_2$$

注:H_2O_2 的氧化产物为 O_2。

不稳定性:过氧化氢在常温可以发生分解反应,生成氧气和水(缓慢分解),在加热或者加入催化剂后能加快反应,催化剂有二氧化锰、硫酸铜、碘化氢、二氧化铅、三氯化铁,及生物体内的过氧化氢酶等。

3. 过氧化氢的用途

作消毒、杀菌剂,作漂白剂、脱氯剂,纯 H_2O_2 还可作火箭燃烧的氧化剂等。

第3章

中学化学改进型实验

3.1 木炭还原氧化铜实验

🔍 **实验目的**

1. 探索改进木炭还原氧化铜实验的最佳方案。
2. 学习类似实验的研究方法和设计方法。

🔍 **反应原理**

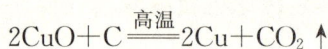

$$2CuO + C \xrightarrow{\text{高温}} 2Cu + CO_2 \uparrow$$

🔍 **原实验**

1. 实验装置如图 3-1 所示。

2. 把木炭粉和氧化铜分别烘干后再磨细,然后按理论上的重量比(1∶13 或 1∶13.5)称好,放在研钵内磨细混匀备用。

3. 取少量混匀的木炭粉和氧化铜的混合物放在试管底部,然后固定在铁架台上。

4. 用酒精灯加热。先预热后在混合物部位集中加热,观察石灰水和试管中的变化,当反应物出现发红现象时,移去加热的酒精灯,继续观察混合物红热的现象。

5. 待冷却后,取下试管,把试管里的固体混合物倒出,观察其颜色和状态。可以清楚地看出黑色的氧化铜变成了亮红色的金属球或铜块,有时也可能还原成粉末状或成铜镜附着于试管壁。

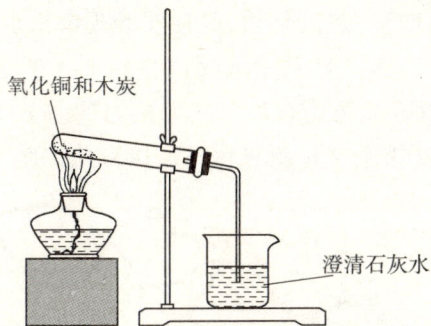

氧化铜和木炭

澄清石灰水

图 3-1 木炭还原氧化铜

实验存在的不足

1. 由于木炭中含有较多的杂质,且红热时部分木炭与空气中的氧气反应,按理论上的重量比(1:13 或 1:13.5)混合,致使氧化铜过量,从而使产物被黑色掩盖,实验效果并不理想。

2. 石灰水太多,不但造成浪费,而且出现浑浊现象时间较长。

3. 反应需要高温,而酒精灯的火焰温度达不到,致使实验时间过长,且生成红色的金属铜粒不明显。

4. 实验完毕后是先将导管从石灰水中拿出来,还是先将酒精灯撤走呢?根据实验室制取氧气的实验操作要求,应先将导管从澄清石灰水中拿出来,再撤酒精灯,以防止石灰水倒流到被加热的反应器内,但是这样就会导致新生的铜与空气接触而被氧化,造成实验失败。反之,如果先撤走酒精灯,再将导管从石灰水中拿出,石灰水必然会倒流到反应器内,从而导致实验不能成功。

实验改进的探讨

根据以上分析,要想达到理想的实验效果,必须解决上述四个方面的问题。

张翼,黎国兰等通过实际的实验操作讨论了反应物不同质量配比、不同温度条件下反应时间和产物性状的特点;李凤莲、田志良、黄秀芸、於南香、张会玲、杨国安、龙金平、李雷等也分别从改变反应物的性状、用量和放置方法以加快反应时间、提高产物的可观察性,加铁丝灯罩以提高反应温度,加保护器以防止石灰水倒流并保证产物不被氧化等方面进行了研究,并取得了较好的实验效果。

但是,他们的改进要么只进行理论说明,要么只针对一个方面进行探讨,要么解决了一个问题又产生了另一个问题,都没有给出较为完整的解决方案。

改进实验

方案一

1. 在酒精灯上加一个用铁丝制成的灯罩以提高反应温度。

2. 把一团铜丝在酒精灯外焰上烧黑,使其表面生成一层氧化铜,放入试管底部,并用研细的木炭覆盖。这样可使反应速度加快,并使实验现象更加明显。

3. 加一个防氧化的保护装置 B,B 中试管口装两个 Y 形管,分别与装置 A 和装置 C 中的 Y 形管连接,这个装置既能防止石灰水倒吸至 A 装置的试管中致试管炸裂,又能保护反应产物在冷却过程中不被空气重新氧化。连接方法如图 3-2 所示。

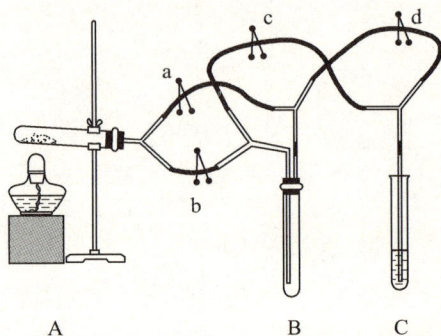

图 3-2　木炭还原氧化铜改进实验装置

4. 在各连接处加 4 个止水夹 a、b、c、d,控制气体流向。

5. 操作要点:夹上止水夹 a、c,打开止水夹 b、d,点燃酒精灯加热混合物,使反应产生的二氧化碳排净装置 B 中的空气,当看到装置 C 中的澄清石灰水变浑时,打开止水夹 a、c,夹上止水夹 b、d,熄灭并撤下酒精灯,使装置 A 中的试管冷却,可看到装置 C 中的石灰水部分倒吸至装置 B 中,但由于体系封闭,空气不会进入装置 A 的试管中。等反应产物冷却后倒在培养皿上,取铜丝用水冲洗,观察颜色的变化。

方案二

1. 把木炭粉和氧化铜的重量比改为 1∶9 或 1∶10,混合物的用量减少一半,铺在试管底部薄薄的一层。

2. 其他装置和操作同方案一。实验现象、实验时间与方案一及原实验方案进行比较。

方案三

1. 在装置 A 的试管内壁用毛笔抹上薄薄的一层浆糊,然后再将事先研好的木炭粉和氧化铜(质量比 1∶9)的混合物均匀粘在浆糊上,晾干后进行还原操作,实验结束后,在试管内壁上可清晰地看出有紫红色的铜镜出现,效果非常好。这是由于用浆糊在试管内壁粘上薄薄一层反应物,使受热面积增大,反应加快,并且生成的铜能较为致密地附着在试管内壁,形成漂亮铜镜。

2. 其他装置和操作同方案一。实验现象、实验时间与方案一、方案二及原实验方案进行比较。

🔍 **实验讨论**

1. 木炭和氧化铜必须先分别干燥再研细,混合后还要研磨,为什么?

2. 此实验加热的温度要求较高,用一般的酒精灯加热效果不好,用什么方法来提高加热的温度?

3. 为什么石灰水一定要新配的而且是饱和的?

4. 木炭与氧化铜的质量比是本实验的关键。由于木炭中含有较多的杂质,按理论用量(质量比1:13.3)实验效果不理想。通过实验研究,你认为木炭与氧化铜质量比是多少? 实验效果最好?

5. 改进实验方案是如何克服了原实验方案缺点的?

6. 总结做好本实验的关键。

参考文献:

[1] 文庆城. 化学实验教学研究[M]. 北京:科学出版社,2003.

[2] 张翼. 黎国兰. 碳还原氧化铜实验条件优化探究[J].绵阳师范学院学报,2008,(08).

[3] 李凤莲. 也论木炭还原氧化铜实验的改进[J]. 教育实践与研究,2003,(08).

[4] 田志良. 木炭还原氧化铜实验的改进[J]. 教育实践与研究,2002,(12).

[5] 黄秀芸. 木炭还原氧化铜演示实验的改进[J]. 遵义师范学院学报,2002,(04).

[6] 於南香. 木炭还原氧化铜实验的改进[J]. 抚州师专学报,2000,(04).

[7] 张会玲. 木炭还原氧化铜实验的改进[J]. 滁州师专学报,2000,(03).

[8] 杨国安,龙金平. 木炭还原氧化铜实验的改进[J]. 高等函授学报(自然科学版),1995,(01).

[9] 李雷. 木炭还原氧化铜实验的改进[J]. 川北教育学院学报,1991,(01).

3.2 氯气的性质实验

实验目的

1. 探索改进氯气的性质实验的最佳方案。
2. 学习物质性质实验的研究方法和设计方法。

原实验及其存在的不足

中学教材上的原实验室制取物质及其性质实验分离,各个性质实验独立分开,并且分散于高中的《化学必修1》和《化学必修2》中,学生不能较为系统地掌握;性质实验项目少,不全面;每个实验单独进行,浪费时间。

实验改进的探讨

要使学生较为系统地掌握氯气的化学性质,培养学生设计和动手实验的能力,可以考虑将多个单项实验串联起来。串联实验并不是单个实验的简单加和,而是原有实验的创新组合。要注意节约时间,实验现象鲜明而有趣。可以引导学生从以下几个方面来思考:

1. 根据实验室制取氯气的原理,设计相应的实验装置。
2. 如何除去氯气中的氯化氢气体,用什么样的装置?
3. 如何对氯气进行干燥? 用什么样的装置?
4. 如何证明干燥的氯气没有漂白性而与水反应后才有漂白性?
5. 如何用简单的方法证明氯元素比溴元素、碘元素、硫元素的非金属性强?
6. 氯气通入紫色的石蕊试液会发生什么现象? 如何解释?
7. 反应的尾气能否直接排入空气中? 应如何处理?
8. 这些单个的实验装置如何串联起来? 在前后顺序的排列、各个接口的连接时应注意什么问题?

改进实验

把各个单项实验串联起来,如图 3-3 所示。

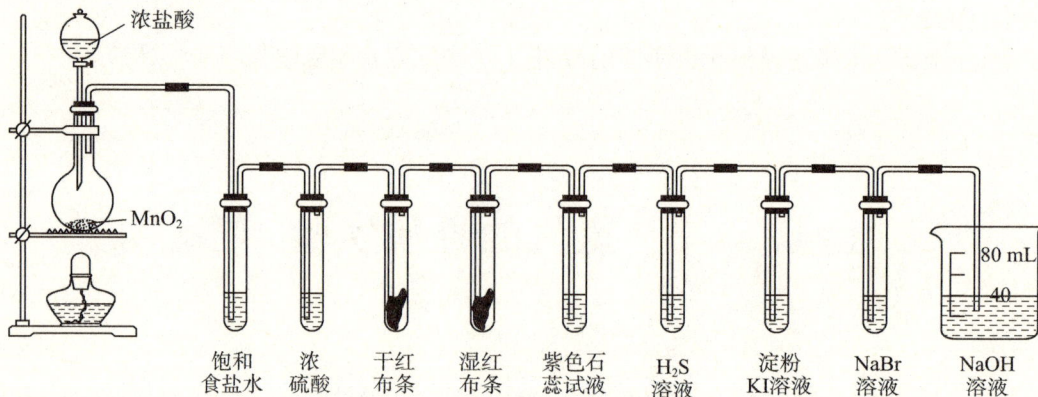

图 3-3　氯气的性质改进实验装置

在进行实验时,可以先让学生介绍装置特点,每个仪器中装的是什么药品,每个装置单元拟完成的实验任务,然后预测可能发生的实验现象,再进行实验操作。让学生仔细观察、记录实验现象,并与自己预测的现象进行比较,看是否一致。分析产生现象的原因,由此能得出何种结论等。

实验讨论

1. 各装置所完成的实验任务是什么?
2. 在实验过程中各装置中所发生的实验现象是怎样的? 所得结论是什么?
3. 在性质实验的各个装置中,哪些前后连接顺序是可变的? 哪些前后顺序不能变?

4. 石蕊试液中可能会发生先变红又变无色的现象,如何解释?

5. 你能设计一个实验证明氯水中起漂白作用的是 HClO 而不是 Cl_2 或 HCl 吗?

参考文献:

[1] 贾艳宇. "卤素单质的化学性质"教学设计[J]. 中国电化教育,1996,(07).

[2] 解瑞芬. 对卤素单质性质实验的创新设计[J]. 职大学报,2007,(04).

[3] 任淑悦. 中学化学实验教学中培养学生创新思维的初步研究[D]. 首都师范大学,2001.

3.3　过氧化钠性质实验

🔍 实验目的

1. 探索改进过氧化钠性质实验的最佳方案。

2. 学习类似实验的研究方法和设计方法。

🔍 反应原理

$$2Na_2O_2 + 2H_2O = 4NaOH + O_2 \uparrow$$
$$2Na_2O_2 + 2CO_2 = 2Na_2CO_3 + O_2$$

🔍 原实验

教材中安排了一个栏目"科学视野——过氧化钠的特殊用途"。只给出了一幅潜水艇的照片和下面一段文字:

"过氧化钠可用于呼吸面具中作为氧气的来源,潜水艇在紧急情况时也可用过氧化钠来供氧。这是因为它不仅能与水起反应生成氧气,而且还能与二氧化碳反应生成氧气: $Na_2O_2 + 2H_2O = 4NaOH + O_2 \uparrow$; $2Na_2O_2 + 2CO_2 = 2Na_2CO_3 + O_2$。这样就可以使 CO_2 转变为 O_2,减少因缺氧而窒息的危险。"

教材中并没有安排任何实验内容。

🔍 实验存在的不足

只进行理论叙述,不安排相应的实验,不能增强学生的感性认识,不利于培养学生的观察能力和提高学生学习兴趣。

实验设计

方案一　过氧化钠与水反应的实验探究

1. 实验原理

测量不同温度下 Na_2O_2 与 H_2O 反应生成 O_2 的量。由于 Na_2O_2 与 H_2O 反应是放热反应,且 H_2O_2 受热分解产生 O_2,因此控制温度,测量反应放出气体的量,从而说明 Na_2O_2 与 H_2O 反应生成的 O_2 是中间产物分解而生成的,并不是 Na_2O_2 与 H_2O 反应的直接产物。并结合 Na_2O_2 与 H_2O_2 的结构特点和元素守恒,说明中间产物应是 H_2O_2。

第一步:$Na_2O_2 + 2H_2O = 2NaOH + H_2O_2$;

第二步:$2H_2O_2 = 2H_2O + O_2\uparrow$。

重铬酸盐检验 H_2O_2 的存在:低温度下 Na_2O_2 与 H_2O 反应所得溶液,在酸性条件下用重铬酸盐可检验 H_2O_2 的存在。

$4H_2O_2 + H_2Cr_2O_7 = 2CrO(O_2)_2$(蓝色)$+ 5H_2O$;

$2CrO_5 + 7H_2O_2 + 6H^+ = 2Cr^{3+}$(绿色)$+ 7O_2\uparrow + 10H_2O$。

2. 实验装置

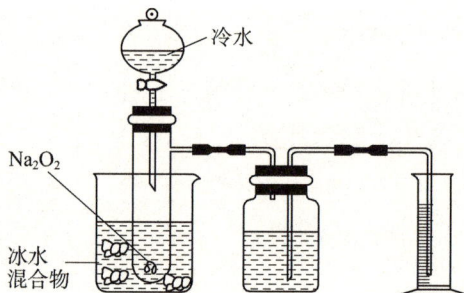

图 3-4　测量 Na_2O_2 与 H_2O 反应生成的 O_2

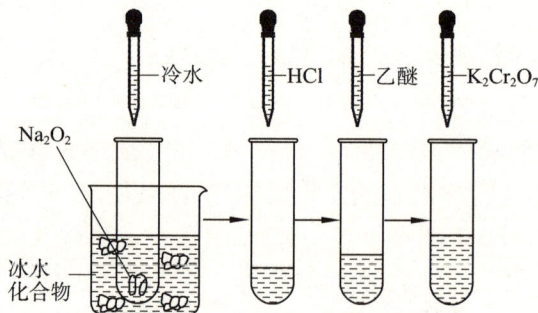

图 3-5　检验低温下 Na_2O_2 与 H_2O 反应所得溶液中 H_2O_2 的存在

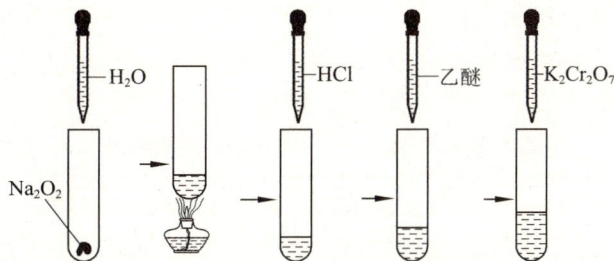

图 3-6 检验 Na_2O_2 与 H_2O 反应微热后所得溶液中 H_2O_2 的存在

3. 实验操作及现象

（1）测量不同温度下 Na_2O_2 与 H_2O 反应生成 O_2 的量。

按装置 1（见图 3-4）组装仪器，将盛有 Na_2O_2 固体粉末的具支试管置于冰水混合物中，低温下，滴加冷水以便控制反应速率，进行 Na_2O_2 与 H_2O 反应的实验，直至 Na_2O_2 反应完全，并测量生成气体的量；气体量不发生变化时，微热 Na_2O_2 与 H_2O 反应所得溶液，继续测量生成气体的量；直至无气体产生，再用酚酞指示剂检验溶液的酸碱性（结果见表 3-1）。

表 3-1 测量不同温度下 Na_2O_2 与 H_2O 反应生成 O_2 的量

操作	现象	原理
低温	① 试管中有少量气泡冒出，集气瓶中少量水被排出至量筒中	$Na_2O_2 + 2H_2O =\!=\!= NaOH + H_2O_2$（放热）；$2H_2O_2 =\!=\!= 2H_2O + O_2\uparrow$
微热	② 试管中继续有气泡冒出，集气瓶中的水继续被排出至量筒中	$2H_2O_2 =\!=\!= 2H_2O + O_2\uparrow$（放热）
指示剂	③ 溶液变红	有 $NaOH$ 生成，酚酞遇碱溶液变红

（2）重铬酸盐检验 H_2O_2 的存在。

重铬酸盐检验低温下 Na_2O_2 与 H_2O 反应所得溶液中 H_2O_2 的存在（结果见表 3-2）。

① 按装置 2（见图 3-5）组装仪器，将盛有少量 Na_2O_2 固体粉末的试管置于冰水混合物中，滴加水，使其缓慢反应，制得低温度下 Na_2O_2 与 H_2O 反应所得溶液；

② 向①溶液中滴加过量稀盐酸，直至溶液呈酸性；

③ 向②溶液中滴加少量乙醚，H_2O_2 在乙醚溶液能稳定存在；

④ 边向③溶液中加重铬酸钾（$K_2Cr_2O_7$），边观察溶液颜色的变化。

表 3-2 检验低温下 Na_2O_2 与 H_2O 反应所得溶液中 H_2O_2 的存在

操作	现象	原理
①	试管中有少量气泡冒出	$Na_2O_2 + 2H_2O =\!=\!= NaOH + H_2O_2$（放热）；$2H_2O_2 =\!=\!= 2H_2O + O_2\uparrow$
④	一开始，溶液变蓝	$4H_2O_2 + H_2Cr_2O_7 =\!=\!= 2CrO(O)_2$（蓝色）$+ 5H_2O$

（3）重铬酸盐检验 Na_2O_2 与 H_2O 反应微热后所得溶液中 H_2O_2 的存在。

① 向盛有少量过氧化钠固体粉末的试管中滴加水，直至无气体放出（见图 3-6）；

② 微热①溶液，直至无气体放出；

③ 向②溶液中滴加过量稀盐酸，直至溶液呈酸性；

④ 向③溶液中滴加少量乙醚；

⑤ 边向④溶液中加重铬酸钾（$K_2Cr_2O_7$），边观察溶液颜色的变化。

结果见表 3-3。

表 3-3　检验 Na_2O_2 与 H_2O 反应微热后所得溶液中 H_2O_2 的存在

操作	现象	原理
①	试管中有大量气泡冒出	$Na_2O_2 + 2H_2O == NaOH + H_2O_2$（放热）； $2H_2O_2 == 2H_2O + O_2\uparrow$
②	试管中继续有气泡冒出	$2H_2O_2 == 2H_2O + O_2\uparrow$（放热）
⑤	溶液呈橙色	$Cr_2O_7{}^{2-}$（橙色），无 H_2O_2 与 $K_2Cr_2O_7$ 反应

4. 实验结论

根据测量不同温度下 Na_2O_2 与 H_2O 反应生成 O_2 的量的实验，当升高温度，继续有 O_2 放出，说明 Na_2O_2 与 H_2O 反应先生成了 H_2O_2，H_2O_2 受热分解继续放出 O_2。

根据重铬酸盐检验不同温度下 Na_2O_2 与 H_2O 反应所得溶液，发现低温下溶液中存在 H_2O_2，而微热后的溶液中没有明显现象，说明 Na_2O_2 与 H_2O 反应生成了 H_2O_2，微热后 H_2O_2 分解成了 O_2 和 H_2O。

因此，过氧化钠与水的反应，应正确的表述：

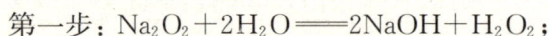

第一步：$Na_2O_2 + 2H_2O == 2NaOH + H_2O_2$；

第二步：$2H_2O_2 == 2H_2O + O_2\uparrow$。

方案二　过氧化钠与二氧化碳反应的实验探究

1. 实验原理

运用对比的实验方法，分别做潮湿的二氧化碳和干燥的二氧化碳与过氧化钠的实验，分别观察淡黄色粉末的过氧化钠固体颜色的变化，并检验尾气能否助燃。

潮湿的二氧化碳与过氧化钠的反应：

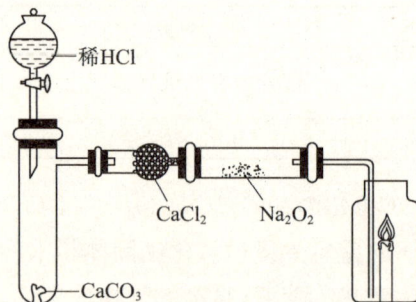

先：Na_2O_2（淡黄色）$+ 2H_2O == 2NaOH + H_2O_2$；$2H_2O_2 == 2H_2O + O_2\uparrow$；

后：$CO_2 + 2NaOH == Na_2CO_3$（白色）$+ H_2O$。

干燥的二氧化碳与过氧化钠的反应：

CO_2 与 Na_2O_2（淡黄色）不反应，固体粉末颜色不变。

2. 实验装置

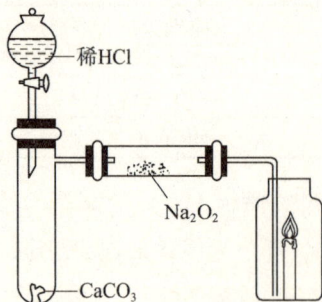

图 3-7　潮湿的二氧化碳与过氧化钠的反应　　图 3-8　干燥的二氧化碳与过氧化钠的反应

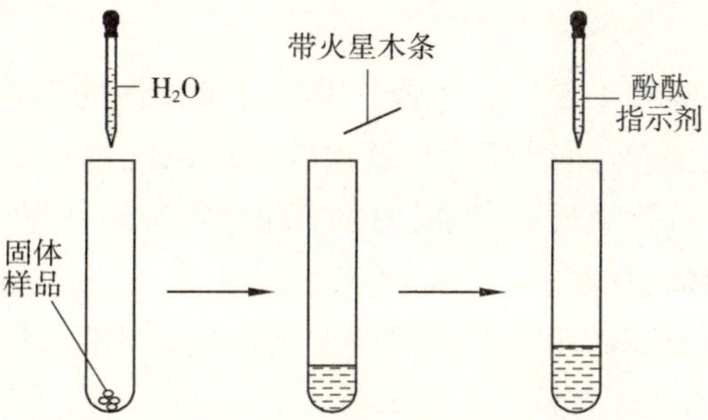

图 3-9　潮湿的二氧化碳与过氧化钠的反应

3. 实验操作及现象

(1) 潮湿的二氧化碳与过氧化钠的反应。

① 按装置 4(见图 3-7)组装仪器,制备潮湿的 CO_2;

② 将潮湿的 CO_2 通入盛有少量淡黄色粉末状 Na_2O_2 的硬质玻璃管,观察固体颜色的变化;并观察尾气是否助燃(结果见表 3-4)。

表 3-4　潮湿的二氧化碳与过氧化钠的反应

操作	现象	原理
①	具支试管中有大量气泡生成	$CaCO_3 + 2HCl \!=\!=\! CaCl_2 + CO_2 \uparrow + H_2O$
②	硬质玻璃管中淡黄色粉末变白色	$Na_2O_2(淡黄色) + 2H_2O \!=\!=\! 2NaOH + H_2O_2$; $CO_2 + 2NaOH \!=\!=\! Na_2CO_3(白色) + H_2O$
	集气瓶中的蜡烛燃烧更剧烈	$2H_2O_2 \!=\!=\! 2H_2O + O_2 \uparrow$

(2) 干燥的二氧化碳与过氧化钠的反应。

① 按装置 5(见图 3-8)组装仪器,制备干燥的 CO_2;

② 将干燥的 CO_2 通入盛有少量淡黄色粉末状 Na_2O_2 的硬质玻璃管,观察固体颜色的变化,并观察尾气是否助燃;

③ 按图 6(见图 3-9)所示,取操作②后硬质玻璃管中的固体物质于试管中,滴加过量的水,用带火星的木条检验是否有氧气放出;

④ 向操作③中试管中滴加 2～3 滴酚酞试液,检验溶液的酸碱性。

实验结果见表 3-5。

表 3-5　干燥的二氧化碳与过氧化钠的反应

操作	现象	原理
①	具支试管有大量气泡生成	$CaCO_3 + 2HCl \!=\!=\! CaCl_2 + CO_2 \uparrow + H_2O$
②	硬质玻璃管中淡黄色粉末无变化,集气瓶中蜡烛燃烧无变化	
③	试管中产生大量气泡,带火星的木条复燃	$2Na_2O_2 + 2H_2O \!=\!=\! 4NaOH + O_2 \uparrow$
④	酚酞试液变红色	溶液呈碱性

4. 实验结论

通过做潮湿二氧化碳和干燥二氧化碳分别与过氧化钠的实验，不难得出干燥的二氧化碳并不能和过氧化钠反应，而潮湿的二氧化碳之所以能和过氧化钠反应，首先是潮湿二氧化碳中的水先与过氧化钠反应，生成的氢氧化钠再与酸性氧化物二氧化碳反应。

方案三 探究反应的原理

Na_2O_2 溶于水电离出 Na^+ 和 O_2^{2-}，O_2^{2-} 与 H_2O 电离出的 H^+ 结合生成 H_2O_2，H_2O_2 再分解放出 O_2，化学反应原理为：

$$Na_2O_2 + 2H_2O = H_2O_2 + 2NaOH \qquad ①$$

$$2H_2O_2 = 2H_2O + O_2\uparrow \qquad ②$$

合并①和②即得：

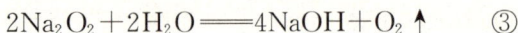

$$2Na_2O_2 + 2H_2O = 4NaOH + O_2\uparrow \qquad ③$$

Na_2O_2 与 H_2O 反应的演示实验只用带火星的木条检验了氧气的生成，并没有检验 $NaOH$ 的生成，教师为了验证 $NaOH$ 的生成，往往向反应后的溶液中加入酚酞，从溶液颜色变化验证了有 $NaOH$ 的生成，但结果往往是溶液变成红色后马上又褪色了，这是什么原因呢？能说明由于 Na_2O_2 具有漂白性，使溶液褪色了吗？我们做了如下一组实验来研究这个问题。

实验1：向试管中加入一定量 Na_2O_2 粉末，再加入少量水，直到 Na_2O_2 固体完全反应为止，再加入酚酞，溶液变红色依然褪色，这个实验证明并非是 Na_2O_2 漂白作用使之褪色的，那么是什么原因呢？依据上述反应原理，该反应的中间产物是 H_2O_2，H_2O_2 具有漂白性，是不是 H_2O_2 使红色褪去呢？

实验2：向试管中加入一定量 Na_2O_2 粉末，再加入少量水，直到 Na_2O_2 固体完全反应为止，再加入二氧化锰粉末振荡，发现溶液中仍有大量气泡产生，用带火星的木条检验木条复燃，证明有氧气生成，这个实验证明 Na_2O_2 与水反应生成了 H_2O_2，且并未完全分解成 H_2O 和 O_2，而是仍有一部分在溶液中。

实验3：取少量 $NaOH$ 溶液于试管中，加入酚酞试液变红，再加入少量 $30\% H_2O_2$ 水溶液，红色立即褪去。该实验说明 H_2O_2 的确能漂白碱性溶液中变红的酚酞，也就是说 Na_2O_2 与水反应生成的 H_2O_2 并未完全分解成 H_2O 和 O_2，而是仍有一部分在溶液中，因而该溶液就有了漂白性。为了证实这个结论，再做下面的实验。

实验4：取少量 Na_2O_2 加入到试管中，加水到 Na_2O_2 反应完全，并且无气泡产生为止，再加热该试管，发现仍有大量气泡产生，用带火星的木条检验木条复燃，证明有氧气生成，充分加热后，冷却，再向试管中加入酚酞，溶液变红并且不褪色。经上述实验证明 Na_2O_2 与 H_2O 反应后，加入酚酞先变红色后褪色的根本原因是溶液中存在未分解的 H_2O_2。

🔍 实验讨论

1. 上述实验证明 $Na_2O_2 + 2H_2O = H_2O_2 + 2NaOH$ ；$2H_2O_2 = 2H_2O + O_2\uparrow$。实验室用 H_2O_2 制 O_2 时需加入 MnO_2 作为催化剂，而为什么向 Na_2O_2 中滴入水能较快

地放出 O_2?

2. 储存 Na_2O_2 时应注意什么问题?

3. 如何证明 Na_2O_2 与水反应的产物之一是 NaOH?

4. 从氧化还原的角度分析 Na_2O_2 为什么不稳定?

参考文献:

[1] 舒雪源. 过氧化钠与二氧化碳、二氧化硫的实验探究[J]. 中国校外教育,2011, (19).

[2] 吕海昌. 浅谈过氧化钠与水反应的实验探究[J]. 科技创新导报,2010,(22).

[3] 李晓军. 过氧化钠与二氧化碳反应的实验设计[J]. 中国教育技术装备,2007, (11).

[4] 覃文秋. 过氧化钠与二氧化碳反应的实验[J]. 实验教学与仪器,2004,(Z1).

[5] 杨生贵. 过氧化钠与水、二氧化碳反应的实验探究[J]. 化学教学,2010,(8).

3.4 焰色反应的实验探究

实验目的

1. 探索改进焰色反应实验的最佳方案。
2. 学习类似实验的研究方法和设计方法。

反应原理

当金属或其盐在火焰上灼烧时,原子中的电子就被激发,电子接受能量从较低的能级跳到较高的能级,但处在较高能级的电子很不稳定,很快跳回到低能级,这时就将多余的能量以光的形式放出,这种现象称为电子的跃迁。原子的结构不同,电子跃迁的两能级的能量差不同,所发出的光的波长就不同,因此光的颜色也不同。碱金属和碱土金属等能产生具有特征的可见光谱,就好像给每种元素打上了一个标记,而且每一种金属原子的光谱谱线比较简单,所以容易识别观察。利用焰色反应,可以根据火焰的颜色鉴别这些元素的存在与否。

原实验

取一根干净的铂丝圈(或镍铬丝,焊在玻璃棒的一端)蘸以 $6 \text{ mol} \cdot L^{-1}$ 盐酸溶液在氧化焰中烧至无色。再蘸上被测试溶液在氧化焰中灼烧，观察火焰的颜色。每进行完一种溶液的焰色反应，均需蘸盐酸溶液灼烧铂丝圈（或镍铬丝）至无色，再进行新的溶液的焰色反应。观察钾盐的焰色时，为消除钠对钾焰色的干扰，一般需用蓝色钴玻璃片滤光。

实验存在的不足

（1）需要昂贵的铂丝，成本较高。

（2）实验操作较为复杂、繁琐，观察到的火焰颜色不大明显、不太鲜艳，火焰显色时间也较短。

（3）实验操作单调，不具有趣味性和观赏性，不能激发学生学习兴趣和调动学生学习的积极性。

实验改进的探讨

近年来，很多从事相关教学工作的教师做了很多探索，如马宏佳等进行了喷洒式焰色反应，得到了直径 10 cm、高 10～15 cm 的美丽火焰。李莺等将金属盐配成溶液用喷壶直接喷射到火焰上方，即所谓的喷雾法，也可得到颇为壮观的焰色。Barnes 等提出了焰色试纸法，他们将滤纸条通过特殊的处理制成焰色反应试纸，实验时直接取用，点燃即可得到相应金属的焰色，非常方便。也有人尝试用湿滤纸卷住糊状金属盐放在灯焰中灼烧的方法，效果虽好，但不适于学生使用。李生英等提出了脱脂棉法，得到的焰色效果与铂丝做的完全一致，并且具有成本低、操作方法简便、省时等优点，对于钾的焰色反应采用此方法，不用蓝色钴玻璃也能清楚地观察到其焰色。詹汉英采用石棉绳法，也得到了理想的焰色效果。Dragojlovit 改进酒精灯进行焰色反应，可以得到高度为 2～5 cm 的火焰，持续时间达几分钟。周永文也对酒精灯进行了改进，制成了双焰酒精灯，可得到35 mm高的火焰，焰色反应时间可持续 20 s，现象很明显，适用于演示实验。他同时还研究了蓝色火焰的制取，提出蓝色火焰法，得到了 6～10 cm 高、有明显特征颜色的火焰，焰色时间比传统的方法延长了 5 倍，达到 10～20 s。朱兵设计了一种轻便的焰色反应器，用来代替金属丝做焰色反应，可以克服金属丝圈做实验的缺点，效果很好。杨玉峰等用焰色反应源做实验，得到的相应的火焰颜色鲜艳、稳定。

然而每一种改进后的方法都存在它们的不尽完美之处。如喷洒法中药品浪费严重，并且焰色只在粉末撒落火焰的瞬间可见，焰色持续时间太短，不便于观察。当用无水乙醇浸泡的粉笔作载体时，由于粉笔中含有 Ca^{2+}，造成焰色不纯，干扰对其他待测金属焰色的观察。甲醇搅拌法中甲醇虽然燃烧火焰几乎无色，但甲醇易挥发且有毒，因此用甲醇来做焰色反应实验是不理想的。纸条法中湿滤纸在灼烧时产生大量水蒸气，干扰观察。滤纸条烧焦时产生的烟灰也影响焰色的正确判断。焰色反应器在快速灼烧操作时要避免口部的玻璃接触煤气灯的灯焰，以免产生钠光等。

在改进实验时，要基于以上这些问题进行思考，对各种方法进行比较，研究影响焰色反应的各种因素，取各自的精彩之处，然后进行精心设计，真正做到实验器材和药品易于获取,操作简便易行,效果明显,保证安全。

🔍 **改进实验**

方案一　实验材料及方法探讨

1. 实验材料

药品:CH_3CH_2OH、KCl、$LiCl$、$NaCl$、$CuCl_2$

仪器:酒精灯、石棉网、玻璃棒、陶瓷坩埚(30 mL)、陶瓷蒸发皿(30 mL)、试剂瓶 5 个、10 mL 量筒和 50 mL 量筒各 1 个

2. 实验方法

取干净的坩埚(或蒸发皿),向其中加入适量待测金属盐饱和溶液和无水乙醇,用干净的玻璃棒搅拌混匀,点燃。燃烧片刻后即可得到明显特征颜色的火焰,火焰高 6～7 cm,可持续数分钟。用干净的镊子或坩埚钳夹住坩埚振荡或用玻璃棒搅拌,均可得到十几厘米高的火焰。

3. 实验影响因素分析

(1)焰色反应实验效果的影响因素分析

① 无水乙醇与饱和盐溶液的比例对火焰效果的影响

当无水乙醇与饱和盐溶液的比例太低时无法点燃,而比例过高时乙醇的燃烧火焰又会对金属焰色产生干扰,并且也不能完全燃烧,造成试剂浪费。以钠盐为例,改变无水乙醇与饱和氯化钠溶液的比例进行实验,实验方法同上,记录实验结果。综合实验结果,得到表3-6。

表 3-6　乙醇和盐溶液的比例对火焰效果的影响

序号	无水乙醇与饱和盐溶液的比例	火焰效果	是否完全充分燃烧
1	1∶9	无法点燃	否
2	3∶7	火焰不明显,持续时间短	否
3	5∶5	火焰不明显	否
4	7∶3	效果较好	是
5	9∶1	火焰不明显,夹杂大量黄光	是

从表3-6的结果中可以看出,无水乙醇与饱和盐溶液的比例越大越难迅速完全燃烧,燃烧的火焰中的黄色光部分就越大;而无水乙醇与饱和盐溶液的比例太小就会产生燃烧困难,甚至无法点燃。当比例为7∶3时实验效果佳,焰色明显并且可一直持续到乙醇燃尽。因此由实验得出最佳的溶液配比是 V(无水乙醇)∶V(饱和盐溶液)=7∶3。

② 容器的口径大小对火焰的影响

上述实验发现:浅蓝色火焰的产生(无水乙醇燃烧时呈浅蓝色火焰)不但与乙醇浓度和用量有关,而且与容器的口径大小有关。因此设计如下实验:选用 30 mL 坩埚和 30 mL的陶瓷蒸发皿(不用玻璃的是为了避免产生玻璃钠光干扰焰色判断)作为实验容

器,做对比实验,实验方法同上,实验结果见表3-7。

表3-7　容器的口径大小对火焰的影响

序号	实验容器	火焰效果	背景颜色
1	坩埚	点燃片刻后才有明显焰色,火焰明亮,持续时间更长	浅蓝色
2	蒸发皿	一开始就有较明显的焰色,并能持续到乙醇耗尽	浅蓝色

从表3-7的结果可以看出:乙醇越易挥发,越难完全燃烧,燃烧火焰中的黄色光就越多,焰色现象越不明显。坩埚容器较深,乙醇一开始燃烧,较难使盐溶液迅速加热灼烧,因此一开始没有焰色,但口径较小,乙醇挥发慢,因此燃烧持续时间更长,其中夹杂的黄光较少;蒸发皿容器较浅,盐溶液一开始即得到加热,就会产生焰色现象,但蒸发皿口径较大,乙醇很容易挥发,因此在燃烧时会夹杂大量黄色光。所以综合考虑选择30 mL的坩埚要比蒸发皿试验效果好。

（2）焰色反应时间的影响因素分析

实验方法同上,选30 mL的陶瓷坩埚作容器,按体积比7∶3的比例混合无水乙醇与氯化钠饱和溶液,点燃,进行实验,记录燃烧时间,实验结果见表3-8。

表3-8　焰色反应时间的影响分析

序号	无水乙醇与盐的饱和溶液的总量(mL)	燃烧时间(s)
1	3	25
2	5	65
3	10	150

从表3-8结果可以看出:混合溶液太少,燃烧时间短,焰色现象不明显,很难给学生留下较深刻的印象;溶液过多的话,燃烧及焰色持续时间太长,然而课堂教学时间有限,因此为了达到较好的课堂演示效果宜选择5 mL的混合溶液。

4. 结论

分别用氯化锂、氯化铜、氯化钾的饱和溶液进行上述实验,实验结果显现火焰效果与用哪种金属盐无多大关系,每种金属盐溶液在同等条件下燃烧时火焰效果都相同。由此可以说明这种方法是具有普适性的。改进焰色反应实验方法的最优实验条件为:容器选择30 mL的陶瓷坩埚,助燃溶液选择无水乙醇,溶液配比V（无水乙醇）∶V（饱和盐溶液）＝7∶3,混合溶液总体积5 mL。

🔍 **实验讨论**

1. 根据原实验存在的不足,在设计实验改进时,应从哪几个方面展开探索?

2. 教学中的实验与科学家进行的实验有哪些异同?试根据本实验进行分析。

3. 你能设计出其他的改进实验吗?

参考文献：

［1］岳晓明. 焰色反应小史及其局限性［J］. 化学教育,2003,(3):48.

［2］马宏佳. 具有观赏性的焰色反应演示实验［J］. 中学化学教学参考,2004,(3):38.

［3］Kristin A. Johnson,Rodney Schreiner. A. Dramatic. Flame Test Demonstration［J］. J. Chem. Educ,2001,78（5）:640.

［4］Barnes Z. K. Alternative flame test procedures［J］. J. Chem. Educ,1991,68（3）:246.

［5］郭银荣. 焰色反应实验的新方法［J］. 化学教学,2003,(11):11.

［6］周永文. 焰色反应实验的改进［J］. 化学教学,2000,(1):6～7.

［7］詹汉英. 焰色反应的新方法［J］. 中学化学教学参考,2001(8～9):75.

［8］朱兵. 金属焰色反应新技术［J］. 大学化学,1990,5,(6):28～29.

［9］杨玉峰,白玫梅. 焰色反应实验的改进［J］. 化学教育,1998,(10):8.

3.5 二氧化碳的实验室制取与性质实验

实验目的

1. 探索改进二氧化碳的实验室制取与性质实验的最佳方案。
2. 学习类似实验的研究方法和设计方法。

反应原理

$$CaCO_3 + 2HCl = CaCl_2 + H_2O + CO_2 \uparrow$$
$$H_2CO_3 = H_2O + CO_2 \uparrow$$
$$Ca(OH)_2 + CO_2 = CaCO_3 \downarrow + H_2O$$

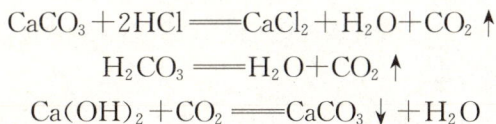

原实验及其存在的不足

学生实验活动"二氧化碳的实验室制取与性质"安排了多个有关二氧化碳性质的实验。实验需要的仪器多,药品用量大,费时,烦琐。

实验改进的探讨

1999年苑乃香进行了二氧化碳灭火性质实验方法的改进;2000年林春祥改进了初中化学教材中二氧化碳制取方法;2012莫尊理进行了二氧化碳性质验证实验设计;2013年廖小红、衷明华用微型实验对二氧化碳的制备与性质进行了一体化的改进设计;2014年胡巢生进行了二氧化碳性质实验的组合与再设计;2015年阿不力米提·玉麦尔设计了二氧化碳制备及性质的两种微型化学实验新方法,与常量制备及性质验证的方法相比较,具有节约药品、操作简便快速,污染减少等特点。尤其是在环保、安全性、学生兴趣、方便性等方面都有一定优势。这些研究和探讨都为我们探索改进二氧化碳的实验室制取与性质实验提供了非常有价值的参考。

改进实验

一、实验仪器与试剂

实验药品及试剂:颗粒状石灰石、稀盐酸、蒸馏水、氢氧化钠溶液、蓝色的石蕊试纸、澄清的石灰水、短蜡烛。

实验仪器:烧杯、锥形瓶、三颈烧瓶、弹簧夹、带毛玻璃片的集气瓶、带有胶皮管的导气管、小试管。

实验用品:三孔橡皮塞、单孔橡皮塞、玻璃管、火柴、塑料瓶。

二、实验步骤

1. 组合实验装置

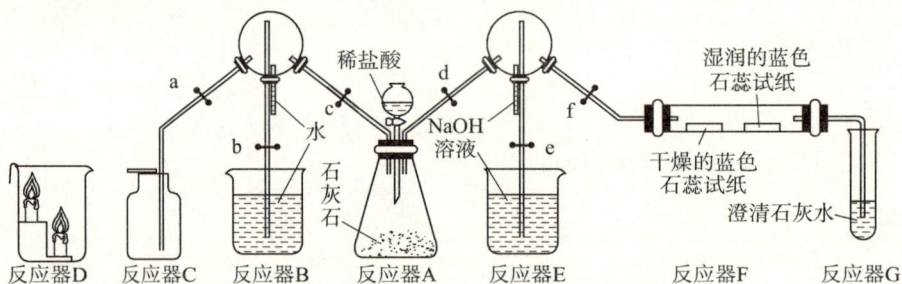

图 3-10 二氧化碳性质实验组合装置(夹持装置略)

2. 检查装置气密性

采用分段法检查装置的气密性,即先关闭止水夹 c,打开止水夹 d、e、f,然后微热(双手搓热后捂、酒精灯加热或热毛巾捂)锥形瓶。如果反应器 E、G 中的导管口处均有气泡冒出,再关闭止水夹 d,打开止水夹 a、b、c,并将反应器 C 中的导管伸入水中,然后再微热锥形瓶。如果反应器 B、C 中的导管口处也均有气泡冒出,则 CO_2 发生装置和上面的系列装置均不漏气。

3. CO_2 的制取、收集、溶解性、灭火及其助燃性实验

先关闭止水夹 b、d、e、f,打开止水夹 a、c,向分液漏斗里倒入适量稀盐酸,按照产生气体的情况调节盐酸下滴的速度和量,药品接触,立即产生 CO_2 气体。点燃反应器 D 中的

两支蜡烛,将反应器 C 中的导气管放在反应器 D 底部,观察现象。将导气管伸入反应器 C 中收集 CO_2 气体,用燃着的小木条放在反应器 C 口处验满。若小木条熄灭,表明气体已收集满,盖上毛玻璃片。将事先打磨好的镁条在酒精灯上点燃后,移开毛玻璃片,伸入反应器 C 中,观察现象。

关闭止水夹 a、c,迅速打开止水夹 d、f,观察反应器 F、G 中的现象。

4. 研究碳酸的性质

拔掉反应器 F 两端的橡皮塞,将湿润的石蕊试纸取出,在空气中摇晃几下(无需加热),观察现象。

5. 研究 CO_2 分别在水、氢氧化钠溶液中的溶解情况

同时挤压反应器 B、E 中胶头滴管中的液体入三颈烧瓶,观察实验现象。收集一塑料瓶 CO_2 气体,向其中加入适量的蒸馏水,振荡,观察现象。

6. 拆开装置,整理用品

三、实验现象分析与实验结果

1. 将反应器 C 中的导气管插到反应器 D 底部,正常燃烧的高低不同的蜡烛自下而上依次熄灭,证明 CO_2 气体不燃烧,也不支持燃烧,且密度比空气大,故通常可以用来灭火。但一些活泼金属(如 Mg)着火后不宜用 CO_2 灭火,需用其他的灭火剂。

2. 接触 CO_2 气体后,干燥的蓝色石蕊试纸不变色,而湿润的蓝色石蕊试纸变红色,说明 CO_2 气体不能使石蕊试纸变色,而是 CO_2 和水共同作用的产物碳酸使石蕊试纸变色。将变红的石蕊试纸在空气中摇晃几下,很快就褪色,说明碳酸不稳定、易分解。

3. 试管里澄清的石灰水变浑浊,说明 CO_2 能与氢氧化钙反应生成白色沉淀,可用此反应检验 CO_2 的存在。

4. 塑料瓶变瘪,装置 B 却未形成喷泉,而装置 E 中形成喷泉,最终使溶液接近充满烧瓶,说明 CO_2 在水中溶解度不大,可用氢氧化钠溶液吸收 CO_2,一定条件下可产生喷泉。

四、注意事项

1. 整个装置都是气体实验,故必须确保实验装置的气密性良好。

2. 为确保实验的安全性和实验现象明显,加稀盐酸时速度应适中,从而控制产生 CO_2 的速度,以防出现冲塞现象;软胶管不能有扭曲,以保证气路通畅。

3. 待装置组装完毕后,将稀盐酸注入分液漏斗中。控制稀盐酸的浓度,以防挥发出 HCl 气体干扰实验结果。

4. 在干燥、湿润的蓝色石蕊试纸上涂抹少许不干胶,分别从玻璃管的两端放入,以防接触。

5. NaOH 溶液易变质,应现用现配。

五、组合实验的优点

1. 通过巧妙组合,运用控制变量法、对比实验法,使实验现象明显、对比强烈。尤其是镁条在 CO_2 中的燃烧、喷泉的产生、颜色的变化,使实验生动有趣,能很好地激发学生

学习化学的兴趣,培养学生的创新精神。

2. 实验装置适合学生开展探究性学习活动,简化了操作,节省了药品,有利于提高课堂效率,也有利于培养学生的探究能力和科学素养。

🔍 **实验讨论**

(1) 装置 C 与装置 D 之间还可以哪种方式连接,使得实验操作更简便?

(2) 试管里澄清的石灰水变浑浊后,如果继续通入 CO_2,产生的白色沉淀会逐渐消失,这是为什么?

参考文献:

[1] 莫尊理. 奇妙的二氧化碳:CO_2 性质验证实验设计[J]. 化学教育,2012,33(11).

[2] 苑乃香. 二氧化碳灭火性质实验方法的改进[J]. 周口师范高等专科学校学报,1999,16(2).

[3] 胡巢生. 二氧化碳性质实验的组合与再设计[J]. 中国现代教育装备,2014,(6).

[4] 阿不力米提·玉麦尔. 二氧化碳制备与性质的两种微型化实验设计[J]. 广州化工,2015,(2).

[5] 廖小红,衷明华. 二氧化碳制备与性质实验一体化微型实验设计[J]. 江西化工,2013,(2).

3.6 喷泉实验

🔍 **实验目的**

1. 探索改进喷泉实验的最佳方案。
2. 设计一套装置获得喷泉与喷烟两种效果。
3. 学习类似实验的研究方法和设计方法。
4. 增强创新意识和创新能力。

🔍 **反应原理**

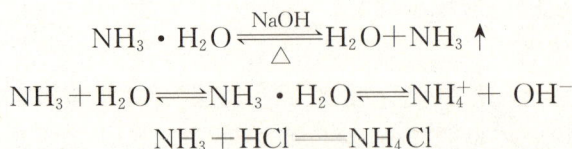

$$NH_3 \cdot H_2O \xrightleftharpoons[\triangle]{NaOH} H_2O + NH_3 \uparrow$$

$$NH_3 + H_2O \rightleftharpoons NH_3 \cdot H_2O \rightleftharpoons NH_4^+ + OH^-$$

$$NH_3 + HCl == NH_4Cl$$

🔍 **原实验**

以往常用的实验方法是通过加热铵盐与碱的混合物的方法来制取氨气,把氨气收集于干燥的圆底烧瓶中,再用如图3-11的装置进行喷泉实验。而氨气与氯化氢反应产生白烟则是用两个玻璃棒分别蘸取浓氨水和浓盐酸相互靠近来完成的。

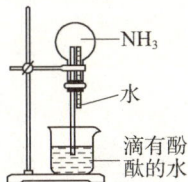

图 3-11 用氨气设计的喷泉实验装置

🔍 **实验存在的不足**

传统的喷泉实验装置复杂、药品用量大,操作过程费时、费力,不利于学生自主探究活动的开展,难以实现人人动手操作的欲望。而且也不能保证喷泉实验完全成功,有时实验效果并不理想,容易出现很多意想不到的问题,例如喷泉的红色不明显、喷泉效果不好、喷泉不能充满烧瓶等,甚至有氨气外逸。而产生白烟的实验更是污染环境。

🔍 **实验改进的探讨**

张阳等对氯化氢和氨的喷泉与喷烟实验进行了改进;宁晖等响应新课程标准的要求,通过对教材中氨气喷泉实验的分析,针对传统氨气喷泉实验的不足,研究该实验的改进方法,达到了较好的实验教学效果;孙孟华应用探究式教学的理念,改进和拓宽了喷泉实验的教学实践过程,让学生通过亲自动手做各种颜色的喷泉实验,掌握了喷泉实验的组装顺序,巩固了学过的化学知识,锻炼了自身的实验创新能力;王胜碧、郑永恒对氯化氢气体制备及其喷泉实验进行了改进。这些实验研究都给我们提供了很好的实验改进的思路。

在上述实验研究的基础上,我们大胆改进创新,将教材中由氢氧化钙和氯化铵两种物质混合加热制取氨气,改为用浓氨水中加固体氢氧化钠,利用其挥发性,只需要微热即可得到较多的氨气。利用 10 mL 浓氨水,可做氨的喷泉、喷烟实验多次。将其应用于演示氨气的喷泉实验和学生的自主探究活动中,取得了良好的效果。

🔍 **改进实验**

方案一 喷泉、喷烟联合实验
所需试剂:浓氨水、氢氧化钠固体、浓盐酸、酚酞试液、蒸馏水。
仪器装置:见图 3-12。

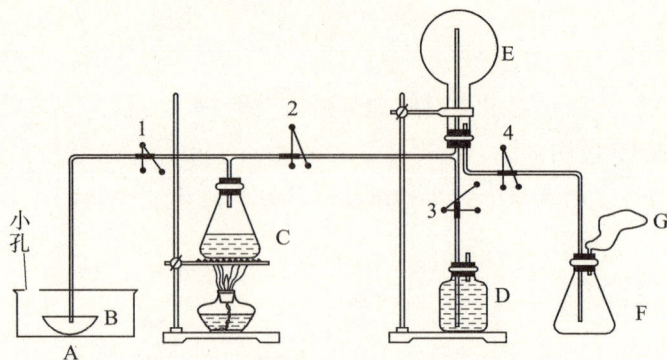

图 3-12　喷泉、喷烟联合实验装置

实验步骤：

1. 在锥形瓶 C 中加入浓氨水 10 mL，适量氢氧化钠固体；在塑料瓶 D 中加满滴有几滴酚酞的水；在带有小孔的硬纸盒 A 中放入蒸发皿 B，其中滴有 1 mL 浓盐酸，然后用胶带封口；在锥形瓶 F 中滴 1 mL 浓盐酸，然后套上盛放尾气的大气球 G。

2. 夹上止水夹 1、3，打开止水夹 2、4，点燃酒精灯，使产生的氨气进入烧瓶 E，排出的空气进入 F 和 G，当 F 中看到有大量白烟时，说明 E 中已充满氨气，打开止水夹 1，关闭 2、4。

3. 向 A 中通气约 10 秒钟，用手指轻弹 A 的侧面，从 A 的上部小孔中喷出白色的烟圈。

4. 停止加热，夹上止水夹 1，用胶带封住 A 上面的小孔；打开 3，用手指堵住塑料瓶 D 上玻璃管口，轻轻捏一下瓶身，使少量水进入 E，松开手指，即有红色喷泉生成。

5. 在喷泉喷水过程中，若用手指堵住塑料瓶 D 上玻璃管口，则喷泉停止喷水，松开手指，则喷泉又开始喷水，形成有趣的间歇式喷泉。

6. 提出相应的问题让学生思考。

整个实验设计目的明确，原理科学；装置设计合理、紧凑，显示出较高的创意；步骤简单，便于操作，特别注意了环境保护。经过实验实施的检验，操作方便，现象明显，趣味性强，除了喷出的几个有趣的烟圈以外，无其他任何污染，完全符合设计要求。

方案二　多种颜色喷泉简介

各种单色喷泉设计见表 3-9。多色喷泉设计见图 3-13。

🔍 **实验讨论**

（1）喷泉实验的原理是什么？

（2）溶液为什么会变红？喷泉的颜色由什么来决定？

（3）不易溶于水的气体是否也可以做喷泉实验？

（4）应如何选择喷泉溶液？

（5）成功进行化学喷泉实验的关键是什么？

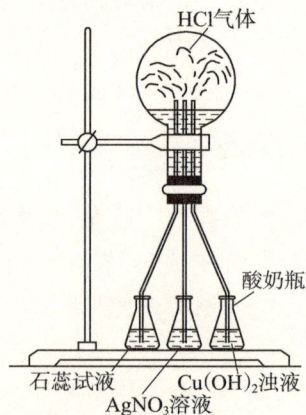

图 3-13　多色喷泉装置图

表 3-9　各种颜色喷泉设计及变色原因

编号	烧瓶中的气体	烧杯中的液体	喷泉的颜色	变色的原因及方程式
1	HCl	石蕊试液	红色	HCl 的水溶液显酸性,遇石蕊试液变红
2	HCl	$AgNO_3$ 溶液	白色	$HCl + AgNO_3 = AgCl\downarrow + HNO_3$
3	HCl	$Cu(OH)_2$ 悬浊液	绿色	$2HCl + Cu(OH)_2 = CuCl_2 + 2H_2O$ 在 $CuCl_2$ 的水溶液中同时存在$[CuCl_4]^{2-}$ 和 $[Cu(H_2O)_4]^{2+}$ 两种离子形式显绿色
4	Cl_2	KI 的 CCl_4 溶液	紫色	$Cl_2 + 2KI = 2KCl + I_2$ I_2 的 CCl_4 溶液呈现紫色
5	Cl_2	KI 的淀粉溶液	蓝色	$Cl_2 + 2KI = 2KCl + I_2$ I_2 遇淀粉溶液变蓝色
6	Cl_2	KBr 的溶液	橙黄色	$Cl_2 + 2KBr = 2KCl + Br_2$
7	NH_3	酚酞试液	红色	NH_3 的溶液显弱碱性,遇酚酞试液变红
8	NH_3	石蕊试液	蓝色	NH_3 的溶液显弱碱性,遇石蕊试液变蓝
9	NH_3	$FeCl_3$ 溶液	红褐色	$3NH_3 + FeCl_3 + 3H_2O = 3NH_4Cl + Fe(OH)_3\downarrow$
10	H_2S	CuCl 溶液	黑色	$H_2S + CuCl_2 = CuS\downarrow + 2HCl$

参考文献:

[1] 张阳等. 对氯化氢和氨的喷泉与喷烟实验的改进[J]. 中国教育技术装备,2010,(15).

[2] 宁晖等. 氨气喷泉实验教学的改进与探讨[J]. 景德镇高专学报,2011,26(2).

[3] 孙孟华. 应用探究式教学改进和拓宽喷泉实验[J]. 安顺师范高等专科学校学报,2004,6(4).

[4] 王胜碧,郑永恒. 氯化氢气体制备及其喷泉实验的改进[J]. 安顺师专学报(自然科学版),1998,(2).

3.7　氢气和氧气混合气的爆炸实验

实验目的

1. 探索改进实验的最佳方案。
2. 学习类似实验的研究方法和设计方法。

反应原理

$$2H_2+O_2 \xrightarrow{\text{点燃}} 2H_2O$$

当氢气和氧气混合时,大量的氢气分子和氧气分子同时接触,点燃反应瞬间释放出大量的热,使气体体积在有限的空间里急剧膨胀,就发生了爆炸。

原实验

将一个塑料瓶的瓶底剪下,在瓶塞处插入一根带有止水夹的尖嘴玻璃管(见图 3-14)。用排水法集满纯净的氢气后,将瓶移出水面,固定在铁架台上。打开止水夹,在尖嘴处点燃氢气。观察现象。

实验存在的不足

原实验虽然吸收了许多有关该实验的改进意见,进行了较大的改进,实验效果也较好,但仍然有一些缺点,如只听到爆炸的响声,没有视觉上的震撼。

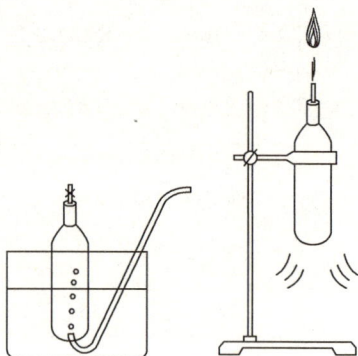

图 3-14　氢气的燃烧和爆炸

实验改进的探讨

李海峰改进了氢气爆炸实验,采用塑料袋为实验器材,并改进操作方法,使实验取得更好的效果;薛瑞芬针对氢气和氧气的爆鸣实验进行改进与探索,为了使氢气和氧气爆鸣效果最佳,并符合教学要求,采用了简单的自制反应装置来完成实验;闵凡新用纸杯进行了氢气和氧气爆鸣演示实验的探索;解大方、熊言林做了氢气爆鸣实验集锦,选择操作简单安全、现象明显、仪器易得的八种方法,通过氢气爆鸣实验的不同设计,培养学生的创新意识,激发学生学习化学的兴趣。这些实验研究都为我们提供了很好的改进氢气和氧气混合气爆炸实验的思路。

改进实验

方案一　纸杯实验法

一、实验改进的方法,具体步骤如下:

1. 找一个一次性纸杯,在其底部中间钻一小洞,然后用透明胶带密封,优点是纸杯为纸质,极易取材,加工方便。

2. 用锌粒和稀盐酸或稀硫酸制取氢气,注意锌粒大小和酸的浓度,使反应平稳。

3. 氢气经验纯后,用排水集气法收集一纸杯氢气。

4. 实验方法:把纸杯倒放在平台上,然后用木片垫起杯口,使之倾斜,这样空气容易进入,杯口要倾向无人的一方。然后用带火焰的小木条接近透明胶带,透明胶带受热熔化,小孔被熔开,氢气逸出被点燃,气体燃烧,最后爆炸,纸杯向上弹起。

5. 捡起纸杯,观察到内壁有细小的水珠生成。

二、几点说明：

1. 纸杯的小孔直径以 3 mm 为宜。直径太小燃烧时间过长,反应太慢。直径太大反应时间过短,只见爆炸过程不见燃烧过程。

2. 封小孔的透明胶带要薄,贴一层即可,这样易被熔化。

3. 所收集的氢气应先验纯,这样才有先燃烧后爆炸的现象,否则只爆炸不燃烧。

4. 一般用木片垫起纸杯,使之倾斜,空气进去容易,要倾向无人的一方。

5. 开始时,透明胶带熔化,氢气逸出被点燃,安静地燃烧,小孔变大,黑暗的环境下可见火焰。随着空气从底部的进入,氢气的纯度下降,在安静的条件下能听到燃烧的爆鸣声,且越来越响。当达到一定比例时,即爆炸极限时,氢气爆炸,里面气体向外冲出。虽然纸杯本身是倾斜的,但是方向向上,不会碰到人,同时由于纸杯会变形,吸收能量,不会破裂,安全可靠。

方案二　其他几种简易的氢气爆炸装置

1. 如图 3-15 所示,选取一个没有裂痕的滴瓶上的滴管,用橡皮管与制取氢气的导管连接好。制取氢气,等氢气纯净时,用燃着的火柴置于滴管口点燃氢气。慢慢从导管上取下滴管,可以观察到氢气能安静燃烧几秒钟,然后发出响亮的爆鸣声。此实验操作简单、安全,容易激发学生的学习兴趣。

滴瓶上滴管

图 3-15　氢气爆炸

2. 选用一个无孔的小塑料袋,使袋内约盛半袋空气后,再与氢气发生装置的导气管相连,收集氢气,随着氢气的通入,塑料袋渐渐鼓起,然后停止通入氢气,并移开导气管,用线扎紧塑料袋口放置在实验台上并远离氢气发生装置,用针戳个小孔并用燃着的木条在小孔处点燃,袋中气体发生爆炸,发出一声巨响。实验所用塑料袋随手可得,操作简便又安全。

3. 如图 3-16 所示,取一个矿泉水瓶,截去底部,配上一个橡皮塞,制成电解水器,固定在铁架台上。在矿泉水瓶内加入占其容积一半的氢氧化钠稀溶液,接通直流电源进行电解,当观察到电解过程产生稳定的气体时,再向矿泉水瓶中加入 2 mL 洗涤剂,立即有气泡产生。用火柴点燃气泡,产生尖锐爆鸣声。此实验的再现性和重复性很好,有利于激发学生的学习兴趣。

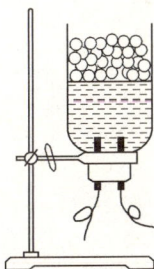
图 3-16　氢气爆炸

🔍 **实验讨论**

（1）要想达到爆炸的最大效果,氢气与空气的体积比应是多少？氢气与氧气的体积比是多少？

（2）试分析本实验的教育功能。

（3）你能设计出一个安全可靠、操作简便、视听觉震撼的氢气和氧气混合气的爆炸实验吗？

参考文献:

[1] 李海峰. 氢气爆炸实验的改进[J]. 新课程学习(学术教育),2009,(12).

[2] 薛瑞芬. 氢气燃烧爆鸣实验的改进[J]. 宁波教育学院学报,2003,5(2).

[3] 闵凡新. 氢气和氧气爆鸣演示实验的探索[J]. 通化师范学院学报,2003,24(2).

[4] 解大方,熊言林. 氢气爆鸣实验集锦[J]. 中学化学教学参考,2005,(Z2).

第4章

使用代用品的实验

应用替代品装置并适当改进实验条件,可以设计很多实验。例如应用注射器、青霉素瓶、安瓿、汽水瓶等改进某些常规化学实验方法,可以获得简易、快速、明显的实验效果。这类实验可以废物利用、就地取材、因陋就简,既可以在课上进行,又可以在课下、家庭环境中进行,既可以培养勤俭节约品德,又可以激发创造发明精神。

4.1 医用注射器在化学实验中的应用

在化学实验的各类仪器中没有列入注射器,但注射器在化学实验尤其在中学化学实验中已有广泛应用。由于注射器具有与玻璃相同的透明度,易于观察;有刻度,可以指示体积;液体和气体可以定量排出和吸入;可以使仪器装置简化,操作更方便,节约时间。因此,探索和总结注射器在化学实验中的应用有其实际意义。现举例如下。

1. 用作容量、移液(气)、加压、减压等的仪器

(1) 量筒、移液(气)管、滴管、取样(液、气)器。

(2) 漏斗、分液漏斗。

(3) 制备少量气体(如氢气、氧气、氨气等)。

(4) 少量气体或液体(如硫酸亚铁溶液)的暂时储存器。

(5) 加工制成抽气或鼓气装置,可用于吸滤、减压蒸馏等。

(6) 比较化学反应速度的实验中作同步加料器,如用于盐酸和醋酸电离度的比较、碳酸钠和碳酸氢钠分别与盐酸反应、过氧化氢分解等实验中。

(7) 作为气体或液体的均匀连续加料器,如接触法制硫酸实验中的加料器。

2. 用于检验气体某些性质的实验

(1) 波义耳定律的验证,即验证在恒温下,一定量干燥气体的体积与压力之间呈反比

关系。

（2）测定气体（如空气）的膨胀系数（查理定律的验证，即验证在恒压下，一定量干燥气体的体积与开氏温度成正比关系）。

（3）比较气体在不同溶剂中的溶解性。

（4）温度、压强对气体溶解度的影响。

（5）气体加压下液化，液体减压下气化。

（6）分子的运动和分子间的距离。

（7）气体的吸附。

3. 用于反应时有气体放出或有气体体积发生改变的实验

（1）验证气体反应定律（气体反应体积简单比定律或盖·吕萨克定律），即验证在相同温度和压强下，参加化学反应的各种气体的体积之比以及它们和生成的气体物质的体积比，都是简单的整数比。如一氧化碳和氧气反应、一氧化氮和氧气反应、氢气和氯气反应等。

（2）通过气体间反应，如氨和氯化氢反应，了解阿伏加德罗定律（在同温同压下，相同体积的各种气体都有相同数目的分子）。阿伏加德罗定律为盖·吕萨克定律提供了合理的解释，也说明了气体反应的体积关系。

（3）质量守恒定律的验证，如白磷的燃烧。

（4）二氧化碳等酸性气体与氧化钙、氢氧化钙等碱性氧化物、碱的反应。

（5）其他实验如氨的合成、一氧化氮和二氧化氮的相互转化、接触面积大小对反应速度的影响、钠和水反应、甲烷的分解、甲烷的卤代反应等。

4. 半定量实验的简易装置

（1）混合气体的分离，如空气中氮气含量的测定。

（2）阿伏加德罗常数的测定。

（3）氢气摩尔体积的测定。

（4）某些气体溶解度的测定。

（5）N_2O_4 离解度的测定。

（6）NO_2 溶于水后剩余气体体积的测定。

（7）乙醇分子结构式的确定。

（8）四氯化碳相对分子质量的测定。

5. 防污染、防氧化实验

（1）用于制少量有毒气体，如氯气、二氧化硫、硫化氢等。

（2）某些物质（如铜）在氯气中燃烧。

（3）卤素单质相对活泼性的比较。

（4）压强对化学反应速率的影响，如硫化氢和二氧化硫的反应。

（5）压强对化学平衡的影响，如二氧化氮的聚合反应。

（6）温度对化学平衡的影响，如氨和硫化氢反应。

（7）氢氧化亚铁的制备。

4.2　医用注射器在化学实验中的应用举例

案例1　碳酸钠、碳酸氢钠分别与盐酸反应的实验

实验用品：100 mL 注射器 2 支，2 mL 注射器 2 支（带针头），胶帽 2 个，固体碳酸钠、碳酸氢钠，2 mol·L^{-1} 盐酸。

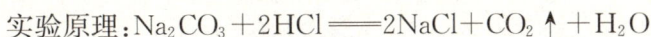

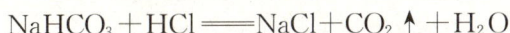

实验原理：$Na_2CO_3 + 2HCl = 2NaCl + CO_2\uparrow + H_2O$

$\qquad\qquad\quad NaHCO_3 + HCl = NaCl + CO_2\uparrow + H_2O$

实验操作：(1) 在 2 支 100 mL 注射器的针筒内，分别用纸槽送入 1 药匙的碳酸钠和碳酸氢钠（对所用的盐酸来说是过量的），把针筒内空气尽量排出，然后用胶帽封住针管口，将 2 支注射器分别固定在支架上，如图 4-1 所示。

(2) 取 2 支 2 mL 带针头的注射器，分别抽取 2 mol·L^{-1} 盐酸 2 mL（体积一定要相等），使针头分别扎入 2 支 100 mL 注射器的胶帽内，并且把 2 mL 盐酸溶液同时推入。反应开始，观察现象。

实验现象：(1) 针拴向外移动的速度不同，说明反应速度不同。

(2) 反应后产生的 CO_2 体积不同（近似 2∶1）。

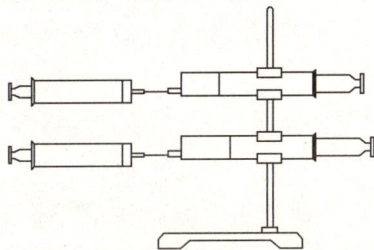

图 4-1　碳酸钠、碳酸氢钠分别与盐酸反应的实验

说明：采用上述装置进行实验，不仅对比说明了碳酸钠、碳酸氢钠分别与酸反应的速度不同，同时定量地证明了产生 CO_2 体积，验证了上述化学方程式。

案例2　氢氧化钠与二氧化碳反应的实验

实验用品：实验室制取 CO_2 的发生装置（铁架台、试管、单孔胶塞、导气管），塑料汽水瓶或矿泉水瓶，胶塞，注射器（10 mL），烧杯（100 mL），石灰石，稀盐酸，浓 NaOH 溶液，火柴。

实验原理：$2NaOH + CO_2 = Na_2CO_3 + H_2O$

实验装置：实验装置如图 4-2 所示。

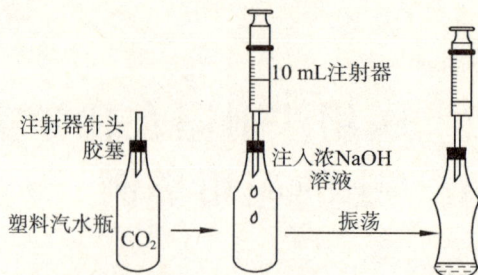

图 4-2 氢氧化钠与二氧化碳反应的实验

实验操作:(1) 用实验室制取 CO_2 的发生装置制取一汽水瓶 CO_2 气体,用燃着的火柴放到汽水瓶口验满,塞上带有注射器针头的胶塞。

(2) 在 100 mL 烧杯中溶解 NaOH 配成浓溶液,用注射器抽取 10 mL 浓 NaOH 溶液,通过胶塞上的针头注入盛满 CO_2 的汽水瓶中,充分振荡,观察现象。

(3) 在操作(2)的汽水瓶中,逐滴加入稀盐酸,观察现象。

注意事项:(1) 汽水瓶越软,现象越明显。

(2) 振荡一定要充分,振荡过程中装置一定要密封。注射器不能取下。

说明:该实验反应迅速,现象明显,增强了学生的感性认识,有利于培养学生的创新能力和分析问题、解决问题的能力,对培养学生运用科学方法去探索、发现新知识起到了促进作用。

案例3 四氯化碳相对分子质量的测定实验

实验用品:100 mL 注射器 1 支,1 mL 注射器 1 支,胶帽 1 个,四氯化碳(分析纯)。

实验步骤:(1) 取一个 100 mL 干燥的注射器,将空气排出,用胶帽封住出口。

(2) 取一个 1 mL 干燥的注射器吸入四氯化碳,通过胶帽向 100 mL 注射器内准确注入 0.30 mL 四氯化碳。

(3) 将 100 mL 注射器固定在铁架台上,并使其尽量浸入盛满沸水的烧杯中,水应保持沸腾状态。随着四氯化碳的气化,针栓缓缓外移。

(4) 数分钟后,待注射器内的体积不再增加时,记下读数 V(mL)。

数据及计算:根据气体方程式求得四氯化碳的相对分子质量 M。

$$M = \frac{WRT}{pV}$$

式中:W:四氯化碳的质量

查表得四氯化碳的密度为 1.594 g/mL。

$W = 1.594 \times 0.30 = 0.47(g)$

V:气态四氯化碳的体积

0.30 mL 四氯化碳完全气化后的体积:94 mL(0.094 L)。

T:绝对温度(K),$T = (273 + 100)$K

p:测定时大气压,$p = 1$ atm

R:气体摩尔常数,$R = 0.082$ L·atm/(K·moL)

以上数据代入公式得：

$$M = \frac{0.47 \times 0.082 \times 373}{1 \times 0.094} = 152.93$$

计算数值接近四氯化碳的分子量（理论值）154。

该方法简单快速，得到的数据较准确。

案例4 NO_2 溶于水后剩余气体体积的测定

实验用品：注射器，乳胶管，止水夹，恒温水浴槽，烧杯，温度计，铜片，浓硝酸。

实验原理：从化学方程式 $3NO_2 + H_2O =\!=\!= 2HNO_3 + NO$ 中可以观察到，二氧化氮和一氧化氮的体积关系为 $3:1$，即每 3 体积的二氧化氮被水吸收后可得到 1 体积的一氧化氮。但不能认为在任何条件下都存在此种关系。事实上，只有温度在 413 K～423 K 的条件下才有这种特殊关系。这是因为有下列平衡存在：

$$N_2O_4 \underset{}{\overset{273K \sim 413K}{=\!=\!=\!=\!=\!=}} 2NO_2 \underset{}{\overset{423K \sim 893K}{=\!=\!=\!=\!=\!=}} 2NO + O_2$$

（无色）   （棕色）   （无色）

这个平衡是由温度决定的。在 413 K～423 K 时，气体全部为二氧化氮，低温时二氧化氮聚合成无色的四氧化二氮。由于在 273 K～423 K 温度范围内，二氧化氮和四氧化二氮同时存在，所以只有测定不同温度下四氧化二氮的离解度，才能知道不同温度下二氧化氮（实为 NO_2 和 N_2O_4 的混合气体）溶于水后所发生的体积变化。

二氧化氮和四氧化二氮混合气体中，它们各自的体积分数可由实验直接测得，也可由四氧化二氮的离解度计算而得。例如 26.7℃时，N_2O_4 的电离度为 19.96%，而 1 体积四氧化二氮离解出两体积二氧化氮，因此，在该温度下混合气体中：

NO_2 的体积分数：

$(19.96 \times 2) \div [(100 - 19.96) + 19.96 \times 2] \times 100\% = 33.28\%$

N_2O_4 的体积分数为 66.72%。

混合气体溶于水后发生下列反应：

$2NO_2 + H_2O =\!=\!= HNO_3 + HNO_2$ (1)

$N_2O_4 + H_2O =\!=\!= HNO_3 + HNO_2$ (2)

而亚硝酸不稳定易分解，特别在受热条件更易发生分解：

$3HNO_2 =\!=\!= HNO_3 + 2NO + H_2O$

因此，(1)式可写成：

$3NO_2 + H_2O =\!=\!= 2HNO_3 + NO$ (3)

(2)式可以写成：

$3N_2O_4 + 2H_2O =\!=\!= 4HNO_3 + 2NO$ (4)

在 26.7℃时，以 100 mL 混合气体计算，由(3)式生成一氧化氮的体积：100 mL×33.28%×1/3＝11.09 mL

由(4)式生成一氧化氮的体积：100 mL×66.72%×2/3＝44.48 mL

可见，26.7℃时 100 mL 混合气体溶于水后能生成 55.6 mL 一氧化氮，是原始体积的

55.6%;其他温度下,也各自有不同的体积分数(见表 4-1);只有到 135℃时,才接近化学方程式(3)中所反映出来的二氧化氮和一氧化氮有 3∶1 的体积关系(见图 4-3)。

表 4-1 不同温度下三种气体的体积分数

温度(℃)	离解度(%)	N_2O_4(%)	NO_2(%)	NO(%)
26.7	19.96	66.72	33.28	55.6
35.4	25.65	59.17	40.83	53.1
39.8	29.23	54.76	45.24	51.6
49.6	40.04	42.82	57.18	47.6
60.2	52.84	30.86	69.14	43.6
70.0	65.57	20.79	79.21	40.3
80.6	76.61	13.25	86.75	37.7
90.5	84.83	8.21	91.79	36.1
100.1	89.23	5.70	94.30	35.2
111.3	92.67	3.81	96.19	34.6
121.5	96.23	1.93	98.07	34.0
135.0	98.69	0.66	99.34	33.6

上表数值为不同温度下 N_2O_4 的离解度(文献值),及由此计算所得 N_2O_4、NO_2 和被水吸收后生成 NO 的体积分数。

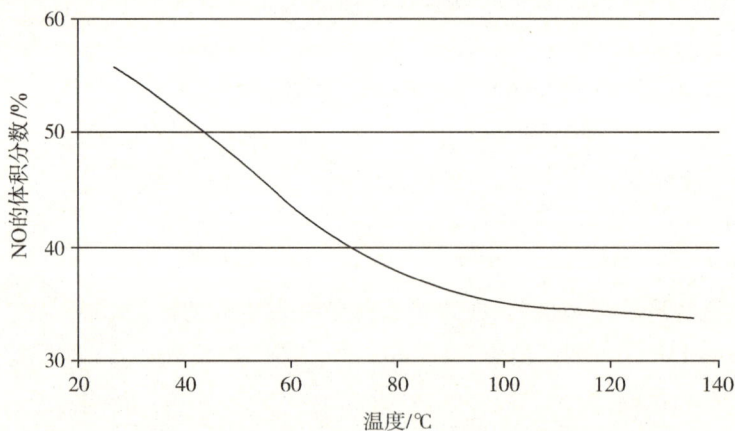

图 4-3 混合气体溶于水生成 NO 的体积随温度的变化关系

实验方法:(1) 在一支 100 mL 干燥的注射器内放入约 0.15 g 铜,将空气排出,用带止水夹的乳胶管将注射器的出口管封住,用一只 5 mL 注射器(带针头)通过乳胶管往 100 mL 注射器内注入 4 mL 浓硝酸,打开止水夹,将开始反应生成的 NO_2 排掉,然后夹紧止水夹,随着反应的进行,针栓缓缓往外移动,便得到一定体积的 NO_2—N_2O_4 混合气体。

(2) 将一定量混合气体($V_{NO_2-N_2O_4}$)推至另一支干燥的 100 mL 注射器内,注射器出口管用带止水夹的乳胶管封住。

（3）将盛有混合气体的注射器直立于恒温（例 35.4℃）水浴槽中,待混合气体的体积停止增大（室温下测定无此步操作）时,读取该温度下混合气体的体积（$V'_{\mathrm{NO_2-N_2O_4}}$）。

（4）在恒温水浴槽中,打开止水夹,稍稍提起针栓,水便自动地涌入注射器内,针栓随着慢慢下移,混合气体的颜色由深变浅,直至变成无色,夹紧止水夹,读取 NO 体积的初始读数 $V_{\mathrm{NO_{初}}}$。

（5）将注射器由水浴槽中取出,直立于盛有 80℃～90℃ 水的烧杯中进行水浴加热,以加快亚硝酸的分解,此时可观察到注射器的溶液中有气泡逸出,2～3 分钟后即可停止水浴加热。

（6）将注射器再次转移至恒温（例 35.4℃）水浴槽中进行降温,数分钟后待注射器内气体体积不再变化时,读取一氧化氮体积的终读数 $V_{\mathrm{NO_{终}}}$。

（7）取出注射器,打开止水夹,抽入空气。无色气体变成棕色,证明混合气体溶于水后生成的气体为一氧化氮,将气体排入通风橱内。

实验数据示例见表 4-2 至 4-6:

$V_{\mathrm{NO_2-N_2O_4}}$ 为室温下所取 $\mathrm{NO_2-N_2O_4}$ 混合气体的体积。

$V'_{\mathrm{NO_2-N_2O_4}}$ 为指定温度下 $\mathrm{NO_2-N_2O_4}$ 混合气体体积。

$V_{\mathrm{NO_{初}}}$ 为指定温度下 $\mathrm{NO_2-N_2O_4}$ 混合气体被水吸收后产生的 NO 体积。

$V_{\mathrm{NO_{终}}}$ 为加热待 $\mathrm{HNO_2}$ 分解后测得在指定温度下产生的 NO 体积。

$V_{\mathrm{NO_{理}}}$ 为指定温度下产生 NO 体积的理论值。

表 4-2　$\mathrm{NO_2-N_2O_4}$ 混合气体溶于水后所产生的 NO 的体积分数（$t=26.7$℃）

$V_{\mathrm{NO_2-N_2O_4}}$ (mL)	$V'_{\mathrm{NO_2-N_2O_4}}$ (mL)	$V_{\mathrm{NO_{初}}}$ (mL)	$V_{\mathrm{NO_{终}}}$ (mL)	$V_{\mathrm{NO_{理}}}$ (mL)	相对误差（%）
61	61	20	34	34	0
60	60	10	32	33	−3.0
60	60	12	32	33	−3.0

表 4-3　$\mathrm{NO_2-N_2O_4}$ 混合气体溶于水后所产生的 NO 的体积分数（$t=35.4$℃）

$V_{\mathrm{NO_2-N_2O_4}}$ (mL)	$V'_{\mathrm{NO_2-N_2O_4}}$ (mL)	$V_{\mathrm{NO_{初}}}$ (mL)	$V_{\mathrm{NO_{终}}}$ (mL)	$V_{\mathrm{NO_{理}}}$ (mL)	相对误差（%）
60	65	16	35	34.5	+1.4
60	65	15	35	34.5	+1.4
60	65	14	34	34.5	−1.4

表 4-4　$\mathrm{NO_2-N_2O_4}$ 混合气体溶于水后所产生的 NO 的体积分数（$t=39.8$℃）

$V_{\mathrm{NO_2-N_2O_4}}$ (mL)	$V'_{\mathrm{NO_2-N_2O_4}}$ (mL)	$V_{\mathrm{NO_{初}}}$ (mL)	$V_{\mathrm{NO_{终}}}$ (mL)	$V_{\mathrm{NO_{理}}}$ (mL)	相对误差（%）
60	70	14	35	36	−2.8
60	66	18	33	34	−2.9
60	67	21	36	35	+2.9

表 4-5 $NO_2-N_2O_4$ 混合气体溶于水后所产生的 NO 的体积分数($t=49.6$℃)

$V_{NO_2-N_2O_4}$ (mL)	$V'_{NO_2-N_2O_4}$ (mL)	$V_{NO初}$ (mL)	$V_{NO终}$ (mL)	$V_{NO理}$ (mL)	相对误差(%)
60	75	29	37	36	+2.8
60	75	20	35	36	−2.8
60	74	20	36	36	+2.9

表 4-6 $NO_2-N_2O_4$ 混合气体溶于水后所产生的 NO 的体积分数($t=60.2$℃)

$V_{NO_2-N_2O_4}$ (mL)	$V'_{NO_2-N_2O_4}$ (mL)	$V_{NO初}$ (mL)	$V_{NO终}$ (mL)	$V_{NO理}$ (mL)	相对误差(%)
50	65	15	29	28	+3.6
50	65	15	29	28	+3.6
50	65	10	27	28	−3.6

由表 4-2 至表 4-6 数据可知,不同温度下,一定体积的 $NO_2-N_2O_4$ 混合气体溶于水后所产生的 NO,其体积分数是不同的。实验数据与理论分析结果是一致的。

4.3 玻璃安瓿在化学实验中的应用

医用玻璃安瓿的壁薄耐热,导热性能良好,是化学实验中的理想代用品。利用安瓿代替试管、烧杯等仪器进行某些需要加热的化学实验,可以缩短加热时间,提高实验效果。

案例 1 木材干馏实验的简易设计

实验仪器:安瓿 A(10～20 mL),安瓿 B(2～5 mL),橡皮塞(3#～5#),尖嘴玻璃管。

操作方法:将橡皮塞按图 4-4 所示打三通孔后,在安瓿 A 中装入干馏物(火柴杆、细木条、锯末等),按图装好仪器,手持橡皮塞,将 A 放在酒精灯上加热,2～3 分钟后可见玻璃管的尖嘴处有气体冒出。用火柴点燃,可燃烧,同时在 A 的颈部和 B 的底部均有少量棕黑色液体生成。实验结束后,可将安瓿 A 从橡皮塞上拔下,取出木炭或焦炭观察色态。

案例 2 氧气的性质实验的简易设计

教学中,为了讲述氧气的性质,教师需预先制好氧气,带入课堂使用,较不方便。使用图 4-5 的氧气性质演示装置,可以当堂制取氧气,不需使用集气瓶。亦可让学生在课外活动中自制装置进行实验。

实验仪器:安瓿 A,无底安瓿 B,橡皮塞。

操作方法:将橡皮塞按图 4-5 所示打孔后,将混合均匀的 $KClO_3$ 和 MnO_2 装入 A 中,按图装好仪器,在 B 中加少许石棉(防止 Fe_3O_4 漏下)。手持橡皮塞,对 A 加热,待有 O_2 生成时,分别在 B 中进行蚊香复燃及木炭、硫粉、铁丝等在 O_2 中的燃烧实验。

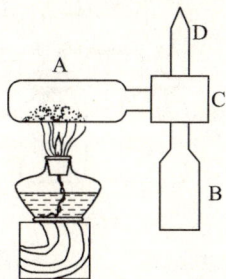

图 4-4　木材干馏实验　　　　　图 4-5　氧气的性质实验

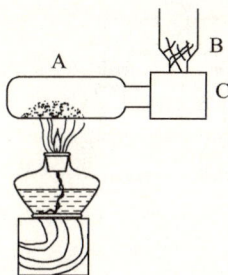

说明:用代用品装置做实验,适应于学生开展课外活动和实验习题的实验设计,以加深对教材常规实验的理解。为保证学生学习教材中规范的基本操作,教材所列实验还应按教材规定的装置进行实验。

4.4　应用青霉素瓶的化学实验设计

用青霉素瓶实验,取材方便,而且青霉素瓶壁厚不易破损,透明度也较好,下面举几例实验。

案例 1　原电池实验

以 Cu—Zn 原电池为例。其实验装置如图 4-6(1)。装置中的盐桥用细玻璃管(φ4 mm)弯制,灌满饱和 KCl 后两头用小棉球塞紧即可。两个青霉素瓶分别盛 5 mL $CuSO_4$ 溶液、5 mL $ZnSO_4$ 溶液,放进用导线连接着伏特计的铜片和锌片,观察现象。

案例 2　喷泉实验

用图 4-6(2)装置可做 NH_3 或 HCl 等气体的喷泉实验。按图安装好后,用吸耳球鼓一下细胶管,使少量水进入盛有气体的瓶内,接着形成美丽的喷泉。

案例 3　气体发生器

用图 4-6(3)装置可制取 H_2、CO_2、H_2S、Cl_2、HCl 等气体。实验时 A 瓶内加固体 1~2 g,加酸 2~3 mL,必要时可进行加热。B 瓶内加入少量玻璃丝或棉花可吸收水汽或酸雾。若加入水或溶液可洗涤或净化气体,B 瓶还可直接用来收集气体。

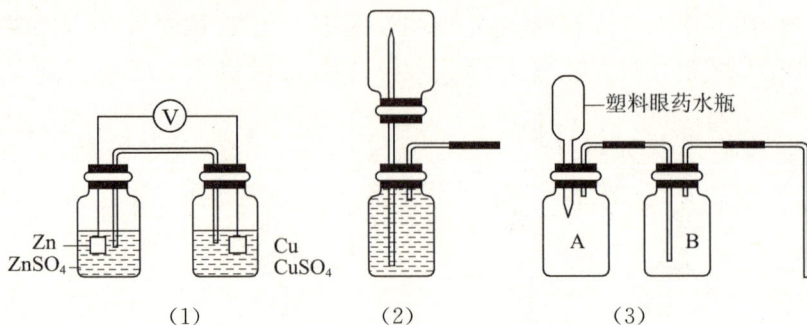

图 4-6　使用青霉素瓶的实验

案例 4　实验室制取氯气及相关性质实验

（1）制取氯气的反应原理

实验室一般用 MnO_2 黑色固体和浓盐酸共热制取氯气：

$$MnO_2+4HCl（浓）\xupoint{\triangle}MnCl_2+Cl_2\uparrow+2H_2O$$

该反应的本质是用氧化剂把盐酸中的 Cl^- 氧化成 Cl_2。

实际上，只要某物质的氧化性比 MnO_2 强，都能把盐酸中的 Cl^- 氧化成 Cl_2，且不需要加热。如：

$$2KMnO_4+16HCl（浓）=\!=\!=2KCl+2MnCl_2+5Cl_2\uparrow+8H_2O$$

$$KClO_3+6HCl（浓）=\!=\!=KCl+3Cl_2\uparrow+3H_2O$$

$$NaClO+2HCl（浓）=\!=\!=NaCl+Cl_2\uparrow+3H_2O$$

也可用 $NaCl$ 固体和浓硫酸组成的混合物（它们在加热条件下可反应生成 HCl）代替浓盐酸制取氯气：$MnO_2+2NaCl+2H_2SO_4\xupoint{\triangle}Na_2SO_4+MnSO_4+Cl_2\uparrow+2H_2O$。

（2）性质实验

① 漂白性实验：如图 4-7 所示，通过 A 中浓硫酸干燥的氯气，接触 B 中干的红布条，无现象，说明氯气本身没有漂白作用。接触 C 中湿的红布条，红布条褪色，说明氯气与水反应生成了具有漂白作用的物质。化学方程式：$Cl_2+H_2O=\!=\!=HClO+HCl$。

$HClO$ 具有很强的氧化性，能把有色物质氧化成无色物质。

② 与淀粉碘化钾溶液的反应：氯气通过 E 中的淀粉碘化钾溶液，使溶液由无色变蓝色，说明氯比碘活泼，氯气能把碘从它的低价化合物中置换出来。化学方程式：$Cl_2+2KI=\!=\!=2KCl+I_2$，I_2 遇淀粉显示特征的蓝色，常用此反应检验氯气。

③ 与氢硫酸的反应：氯气通过 F 中的氢硫酸，会观察到淡黄色沉淀，说明氯比硫活泼，氯气能把硫从它的低价化合物中置换出来。化学方程式：$Cl_2+H_2S=\!=\!=2HCl+S\downarrow$。

④ 尾气处理：Cl_2 有毒，为防止环境污染，必须用氢氧化钠溶液吸收。化学方程式：

$$Cl_2+2NaOH=\!=\!=NaCl+NaClO+H_2O$$

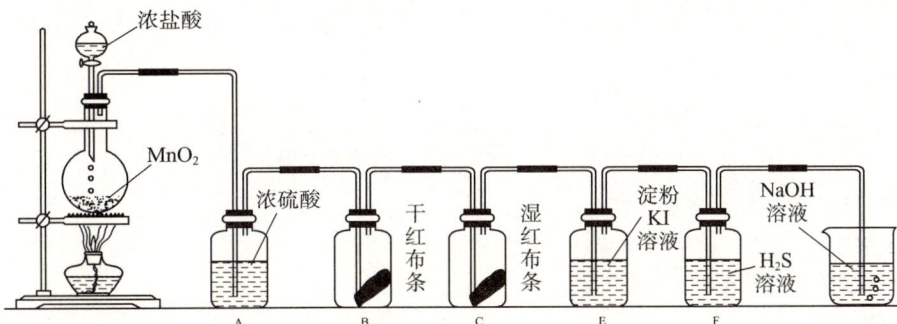

图 4-7 实验室制取氯气及相关性质实验

（3）注意事项

① 实验中使用的药品浓盐酸有挥发性、刺激性，浓硫酸有强的腐蚀性，添加药品时一定按操作规程进行操作，注意安全。

② 氯气有毒，整个实验过程必须在密封的系统中进行。

③ 实验中干的红布条一定要在浓硫酸的后面，否则也会褪色。

④ 实验结束时用止水夹夹住靠近烧瓶的连接胶管，把烧瓶拆下，打开烧瓶的双孔塞加入 NaOH 溶液，振荡，充分吸收其中的氯气；打开止水夹，用打气管或洗耳球往收集系统或性质实验系统中充入空气至瓶中液体上部空间呈无色，再拆除实验装置。

4.5 微型化学仪器在化学实验中的应用

1. "酸、碱、盐电离特征实验"的设计

"酸、碱、盐电离特征实验"，原教材中的实验装置见图 4-8。作为学生实验，此实验存在如下不足：a. 实验装置较复杂，操作不方便；b. 电解液用量太多，造成浪费；c. 由于电解液过多，导致检验离子的现象不明显。针对以上不足，我们根据实验原理及操作要求，自行设计了微型实验装置"手"形管（即为 5 支管）如图 4-9 所示。这一设计克服了上述不足，实验效果明显提高。以硫酸的电离为例说明设计过程。

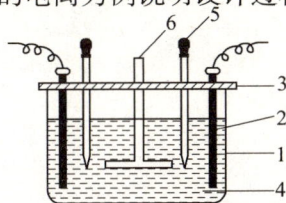

1. 小水槽或大烧杯　2. 石墨电极　3. 盖板　4. 电解溶液　5. 滴管　6. T 形三通管

图 4-8 实验物质电离的装置

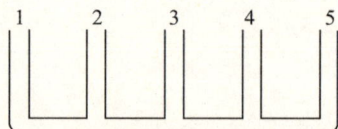

图 4-9　实验物质电离的微型装置

实验题目：硫酸的电离实验

实验目的：(1) 掌握电离实验的实质及演示技术。

(2) 探索电离实验的改进装置。

实验原理：$H_2SO_4 \Longrightarrow 2H^+ + SO_4^{2-}$；$SO_4^{2-} + Ba^{2+} \Longrightarrow BaSO_4 \downarrow$

仪器：手形管、滴管、黑色点滴板、石墨电极和导线、直流电源。

药品：0.5 mol/L H_2SO_4 溶液、0.1 mol/L NaCl 溶液、0.1 mol/L $BaCl_2$ 溶液、稀硝酸、甲基橙试液。

实验步骤：

(1) 将手形管水平放置在相应槽穴的塑料泡沫底座上。

(2) 向手形管中注入约 1/3 容积的 0.1 mol/L NaCl 溶液。

(3) 将两支用铅笔芯制成的石墨电极插入支管 1、5 中，并用电线与 30 V 的电源相接，通电。

(4) 用滴管向支管 3 中滴入 1～2 滴甲基橙试液，然后再滴入 2～3 滴 0.5 mol/L H_2SO_4。可以看到支管 3 中的溶液呈红色(因 H^+ 使甲基橙的颜色变红)，且红色开始沿着手形管的水平部分向两极扩散。通电约 2 分钟后，红色明显移向阴极，说明 H^+ 向阴极移动。

(5) 在靠近阴极和阳极的支管 2、4 中，将 2 支滴管插到底端，同时吸取少许溶液，分别转移到黑色点滴板上，再分别滴加 1～2 滴 0.1 mol/L $BaCl_2$ 溶液和稀 HNO_3 溶液，可看到在靠近阳极一端的溶液里有不溶于稀 HNO_3 的白色沉淀物出现，而阴极溶液里无现象。由此可得出结论：H_2SO_4 电离出相应的 H^+ 和 SO_4^{2-}，前者带正电荷，后者带负电荷，且在外电场作用下，阳离子移向阴极，阴离子移向阳极。

2. 氨催化氧化制硝酸的设计

氨催化氧化制硝酸实验，在教材中的装置见图 4-10 Ⅰ、Ⅱ，实验装置繁琐，我们根据实验原理设计改进为图 4-11。其设计过程如下：

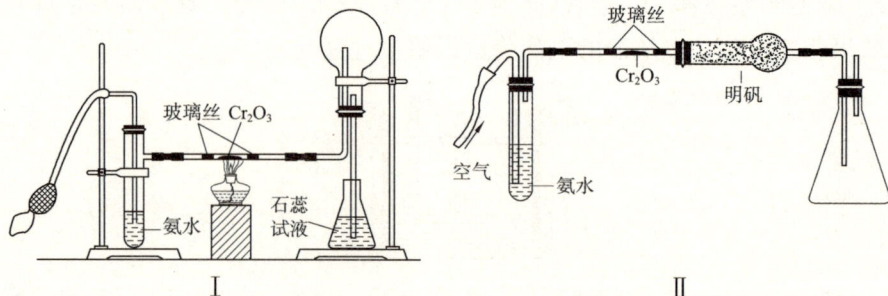

图 4-10　氨的催化氧化实验装置

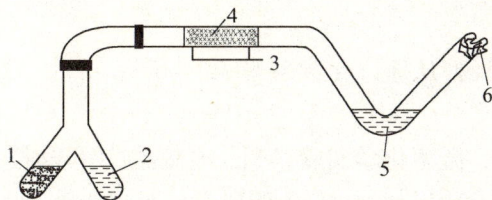

图 4-11 氨催化氧化制硝酸实验微型装置
1. $KClO_3$ 和 MnO_2 混合物 2. 4∶1 氨水 3. 玻璃丝 4. Cr_2O_3
5. 酚酞试液和稀 NaOH 溶液 6. 蘸浓 NaOH 溶液的棉花

实验目的:(1)掌握氨催化氧化制硝酸实验成功的关键和基本操作技能。

(2)提高改进和设计实验的能力。

实验原理:

氨在有催化剂存在的条件下,能跟氧气发生反应生成一氧化氮,并放出大量的热:

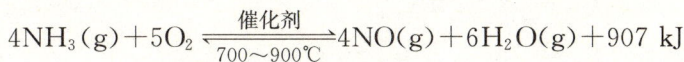

$$4NH_3(g) + 5O_2 \xrightarrow[700 \sim 900\text{℃}]{\text{催化剂}} 4NO(g) + 6H_2O(g) + 907 \text{ kJ}$$

一氧化氮可以被空气中的氧气氧化生成二氧化氮:

$$2NO(g) + O_2(g) == 2NO_2(g) + 113 \text{ kJ}$$

二氧化氮被水吸收,就得到了硝酸:

$$3NO_2(g) + H_2O(l) == 2HNO_3(l) + NO(g) + 136 \text{ kJ}$$

实验装置、仪器、药品见图 4-11。

实验步骤:

(1)在长柄 V 形管的直管中部约 2 cm 长新制的 Cr_2O_3,两端封上玻璃丝;在 V 形部分滴加 1 滴酚酞试液和几滴 $0.5 \text{ mol} \cdot L^{-1}$ 的 NaOH 溶液至封闭状态。在 V 形管口上堵一小团蘸有 $6 \text{ mol} \cdot L^{-1}$ 的 NaOH 溶液的棉花,以便吸收尾气。

(2)用青霉素瓶制作的微型酒精灯加热催化剂。

(3)在叉形管的一支管中装入 0.5 g $KClO_3$ 和 0.1 g MnO_2 的混合物;另一支管中加入约 0.5 mL 4∶1 的氨水。套上乳胶管,连接 V 形管和叉形管。

(4)预热 $KClO_3$ 和 MnO_2 的混合物至不产生气体,再加热氨水,当有气泡产生时,立即将酒精灯移至装有 $KClO_3$ 和 MnO_2 混合物的支管处加热,使其产生氧气。O_2 和 NH_3 通过催化剂生成 NO,NO 被 O_2 氧化成 NO_2,NO_2 与水反应生成硝酸。硝酸与溶液中的氢氧化钠中和,使酚酞试液红色褪去。

改进后的实验,装置简单,操作容易,节约药品,无污染,现象明显,有一定的创新意识。

参考文献：

［1］毕华林，傅尚奎，韩庆奎．化学实验教学研究［M］．青岛：中国海洋大学出版社，1998．

［2］周宁怀，宋学梓．微型化学实验［M］．杭州：浙江科学技术出版社，1992．

［3］范杰．化学实验论［M］．太原：山西科学技术出版社，2001．

［4］苗深花等．酸、碱、盐电离特征实验的改进［J］．化学教育，2000，(9)：43．

［5］袁志林．氢氧化钠与二氧化碳反应的实验设计［J］．中学化学教学参考，2002，(5)：44．

［6］苗深花，韩庆奎．化学实验教学论［M］．北京：科学出版社，2012．

第5章

中学化学设计性实验

5.1 合成氨的实验

实验目的

1. 熟练掌握"合成氨"实验的原理和方法。
2. 根据工业合成氨的原理设计多种实验方案,并能通过实验比较各个方案的优缺点。
3. 通过实验设计,掌握科研方法,提高研究能力和创新精神。
4. 探索影响氨气合成的因素。

实验指导

1. 氢气与氧气的混合气体极易爆炸,如何防止体系中存有氧气,防止发生意外。
2. 混合气体必须通过新制的催化剂床层才可以发生催化反应。
3. 氢气和氮气的比例合适,即生成的两种气体配比合理才可能有较多的氨气生成。
4. 反应体系尽量干燥,防止水对反应的影响。

实验探究

方案一:

实验装置:见图 5-1 中的(a),连接并检查装置的气密性。

操作步骤:

(1) 催化剂铁触媒的制备:取 6 g 铁粉、0.5 g 氧化铝、0.5 g 硝酸钾、适量石棉绒,在蒸发皿中混合加热,并不断搅拌至红热,得新制的铁触媒催化剂备用;

(2) 使用简易启普发生器装置制备氢气;

(3) 配制氯化铵饱和溶液,与亚硝酸钠反应制备氮气;

(4) 混合气体通过灼热的催化剂床层,催化合成氨气。

原理探究:分别用简易装置制取氢气和氮气,混合气体干燥后通入反应管,在新制铁触媒的催化作用下,混合气体反应生成氨气,利用酚酞试液检验生成的碱性气体。

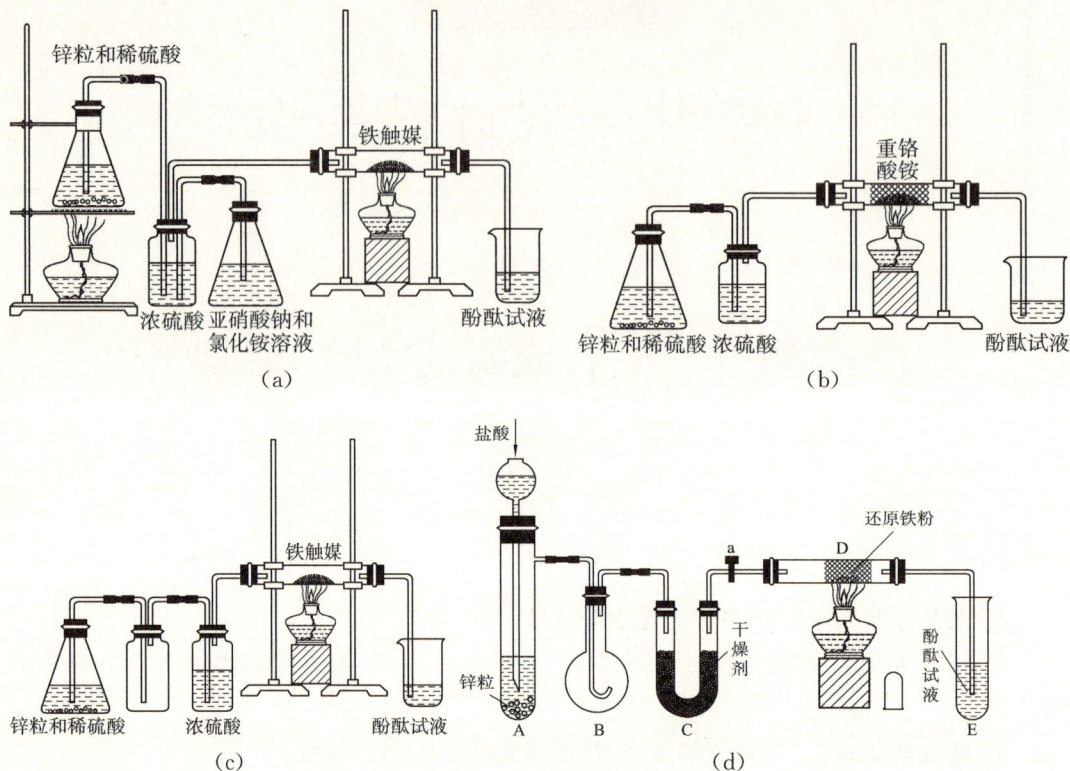

图 5-1　氨的合成实验装置图

方案二:

实验装置:见图 5-1 中的(b),连接并检查装置的气密性。

操作步骤:

(1)在反应管内加入重铬酸铵,平铺于双通管中间,两边塞上玻璃丝;

(2)使用简易启普发生器装置制备氢气;

(3)向装置中通一段时间的氢气,排除装置内的空气,并在尾气出口处检验气体的纯度;

(4)点燃酒精灯,加热重铬酸铵,观察实验现象。

原理探究:重铬酸铵分解提供氮气,同时新生成的三氧化二铬作为新制的催化剂进行催化反应:$(NH_4)_2Cr_2O_7 \xrightarrow{\triangle} N_2\uparrow + 4H_2O + Cr_2O_3$,在氢气氛围内,生成的氮气被催化合成氨气,化学反应方程式:$N_2 + 3H_2 \underset{\triangle}{\overset{催化剂}{\rightleftharpoons}} 2NH_3$,利用酚酞试液来检验生成的碱性气体。

方案三：

实验装置：见图 5-1 中的(c)，连接并检查装置的气密性。

操作步骤：

(1) 催化剂铁触媒的制备：取 6 g 铁粉、0.5 g 氧化铝、0.5 g 硝酸钾、适量石棉绒，在蒸发皿中混合加热，并不断搅拌至红热，得新制的铁触媒催化剂备用；

(2) 使用简易启普发生器装置制备氢气；

(3) 在大集气瓶(越大越好)中点燃纯净的氢气，直至瓶中氧气耗尽，火焰自己熄灭；

(4) 继续通入氢气，混合气体通过浓硫酸干燥后通过灼热的催化剂床层，催化合成氨气。

原理探究：利用氢气在空气中的燃烧耗尽集气瓶中的氧气，剩余的气体为氮气，利用简易装置制取氢气和集气瓶中剩余的氮气提供混合气体，混合气体干燥后通入反应管，在铁触媒的催化作用下，混合气体反应生成氨气，利用酚酞试液检验生成的碱性气体。

方案四：

实验装置：见图 5-1 中的(d)，连接并检查装置的气密性。

操作步骤：

(1) 将还原铁粉附着于石棉绒上装入反应管，并用玻璃丝进行固定；

(2) 使用简易启普发生器装置制备氢气；

(3) 在圆底烧瓶中点燃纯净的氢气，直至瓶中氧气耗尽，火焰自己熄灭；

(4) 继续通入氢气，混合气体通过干燥管干燥后通过灼热的催化剂床层，催化合成氨气。

原理探究：利用氢气在空气中的燃烧耗尽集气瓶中的氧气，剩余的气体为氮气，利用简易装置制取氢气和集气瓶中剩余的氮气提供混合气体，混合气体干燥后通入反应管，在还原铁粉的催化作用下，混合气体反应生成氨气，利用酚酞试液检验生成的碱性气体。

🔍 **分析与讨论**

实验结束后请把各个方案的实验现象填在表 5-1 中并进行比较分析，找出最佳方案。

表 5-1　四种实验方案的分析讨论

方案	实验现象	实验方案的优缺点
方案一		
方案二		
方案三		
方案四		

参考文献：

[1] 陈倩倩. 合成氨反应器及工艺流程的模拟计算[D]. 华东理工大学, 2011.

［2］傅成碧，沈国良. 化学工艺学［M］. 北京：中国石化出版社，2014.

［3］吴雨龙. 化工生产技术［M］. 北京：科学出版社，2012.

［4］张四方. 化工基础［M］. 北京：中国石化出版社，2012.

［5］张秀玲，秋玉娥. 化学工艺［M］. 北京：化学工业出版社，2012.

［6］江金礼，杨惠仙. 实验室合成氨实验设计［J］. 实验与创新思维，2006，6(3)：2～4.

［7］吕亚娟，白林. 氨气的制取和性质实验的绿化研究［J］. 化学教育，2007，5(3)：50.

5.2 氨在氧中燃烧实验

实验目的

1. 熟练掌握氨气燃烧实验的原理和方法。

2. 根据氨气燃烧的实验原理设计多种实验方案，并能通过实验比较各个方案的优缺点。

3. 通过实验设计，掌握科研方法，提高研究能力和创新精神。

4. 探索影响氨气燃烧的因素。

实验指导

1. 氨气与氧气的混合气体极易爆炸，如何保证氨气在氧气氛围内安静的燃烧，防止发生意外。

2. 氨气和氧气的制备方法有多种，如何保证氨气和氧气的生成量能支持持续的燃烧现象。

3. 氨气为有毒有害的污染气体，如何操作能够减少氨气对大气的污染。

实验探究

方案一：

实验装置：见图 5-2 中的(a)，连接并检查装置的气密性。

操作步骤：

(1) 在锥形瓶 A 中放入 MnO_2 固体，分液漏斗装入适量 15％的 H_2O_2；在锥形瓶 B 中放入少量固体 NaOH，分液漏斗装入适量浓氨水。

(2) 先制取氧气，片刻后再打开盛浓氨水分液漏斗的活塞，控制浓氨水的流量，反应片刻,在燃烧管上检验是否有足够氧气生成,等带火星的小木条复燃,开始点燃氨气,观察现象。

（3）实验结束,先关闭盛有浓氨水的分液漏斗活塞,让剩余的氨气继续充分燃烧,直到火焰熄灭,再关闭盛有双氧水的分液漏斗活塞。

原理探究:氨气的制取采用浓氨水在固体氢氧化钠的催化作用下,分解产生氨气和水,氧气的制取是用双氧水在二氧化锰作催化剂的条件下反应产生,将产生的氨气在燃烧管中点燃,观察现象。

化学反应方程式:

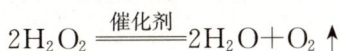

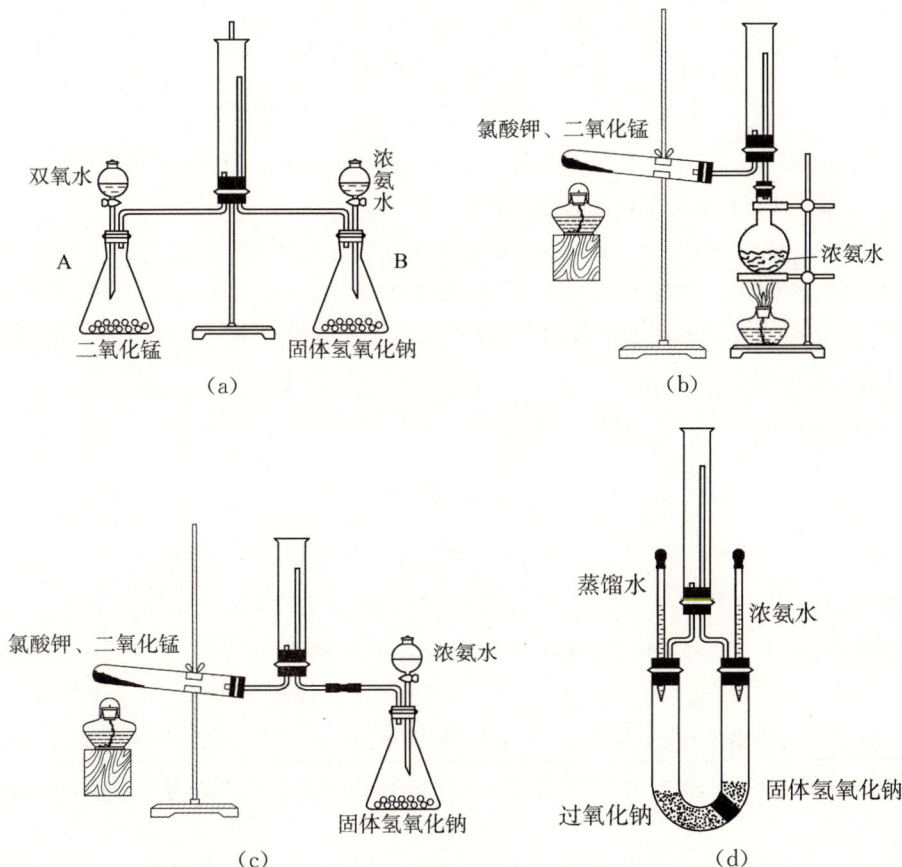

$$NH_3 \cdot H_2O \Longrightarrow NH_3 \uparrow + H_2O$$

$$2H_2O_2 \xrightarrow{催化剂} 2H_2O + O_2 \uparrow$$

$$4NH_3 + 3O_2 \xrightarrow{点燃} 2N_2 + 6H_2O$$

图 5-2 氨在氧气中燃烧的实验装置图

方案二:

实验装置:见图 5-2 中的(b),连接并检查装置的气密性。

操作步骤:

（1）在试管中加入 $KClO_3$ 和 MnO_2 固体($KClO_3$：$MnO_2 = 6$：1),加热固体制取氧

气,在圆底烧瓶中盛适量浓氨水。

(2) 先制取氧气,用带火星的小木条检验氧气是否充满燃烧管,再加热浓氨水制取氨气,控制加热速度,控制生成氨气的量,点燃氨气,观察现象。

(3) 实验结束,先停止加热浓氨水,让剩余的氨气充分燃烧直到熄灭,再关闭盛有双氧水的分液漏斗活塞。

原理探究:采用浓氨水在加热条件下制取氨气,化学反应方程式:$NH_3 \cdot H_2O \stackrel{\triangle}{=\!=\!=} NH_3\uparrow + H_2O$;利用固固加热装置,加热氯酸钾,二氧化锰作催化剂加热制取氧气,化学反应方程式:$2KClO_3 \xrightarrow[\triangle]{MnO_2} 2KCl + 3O_2\uparrow$;将产生的氨气在氧气中点燃,观察现象,化学反应方程式:$4NH_3 + 3O_2 \xrightarrow{点燃} 2N_2 + 6H_2O$。

方案三:

实验装置:见图 5-2 中的 (c),连接并检查装置的气密性。

(1) 在试管中加入 $KClO_3$ 和 MnO_2 固体($KClO_3$:$MnO_2 = 6:1$),加热固体制取氧气;在锥形瓶 B 中放入少量固体 NaOH,分液漏斗中装入适量浓氨水。

(2) 先制取氧气,燃烧管充满氧气后再打开盛浓氨水的活塞,控制浓氨水的流量,反应片刻,在燃烧管内开始点燃氨气,观察现象。

(3) 实验结束,先关闭浓氨水活塞,让剩余的氨气充分燃烧,直到熄灭,再停止氧气。

原理探究:氨气的制取采用浓氨水在固体氢氧化钠的催化作用下,分解产生氨气和水;利用固固加热装置,加热氯酸钾和二氧化锰的混合物制取氧气;将产生的氨气在氧气氛围中点燃,观察现象。

化学反应方程式:

$$NH_3 \cdot H_2O \stackrel{}{=\!=\!=} NH_3\uparrow + H_2O$$

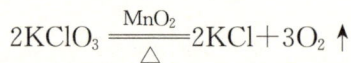

$$2KClO_3 \xrightarrow[\triangle]{MnO_2} 2KCl + 3O_2\uparrow$$

$$4NH_3 + 3O_2 \xrightarrow{点燃} 2N_2 + 6H_2O$$

方案四:

实验装置:见图 5-2 中的 (d),连接并检查装置的气密性。

操作步骤:

(1) 将 2 g 过氧化钠粉末从左边装入 U 形管底部,将适量氢氧化钠固体从右边装入 U 形管的内置橡胶塞上;左边吸入蒸馏水,右边吸入浓氨水,分别塞紧左右对应的双孔橡胶塞。

(2) 先制取氧气,用带火星的小木条复燃检验氧气是否充满燃烧管,再将浓氨水滴入固体氢氧化钠中制取氨气,用带火星的木条点燃氨气,观察现象。

(3) 实验结束,先停止滴入浓氨水,再停止滴入蒸馏水,让剩余的氨气充分燃烧,直到熄灭。

原理探究:氨气的制取采用浓氨水在固体氢氧化钠的催化作用下,分解产生氨气和水,反应方程式:$NH_3 \cdot H_2O \stackrel{}{=\!=\!=} NH_3\uparrow + H_2O$;氧气的制取采用的是过氧化钠与水反应,反应方程式:$2Na_2O_2+2H_2O \mathbin{=\!=\!=} 4NaOH+O_2\uparrow$;将产生的氨气在氧气的氛围中点燃,观察现象,反应方程式:$4NH_3+3O_2 \xrightarrow{\text{点燃}} 2N_2+6H_2O$。

分析与讨论

实验结束后请把各个方案的实验现象填在表 5-2 中并进行比较分析,找出最佳方案。

表 5-2　四种实验方案的分析讨论

方案	实验现象	实验方案的优缺点
方案一		
方案二		
方案三		
方案四		

参考文献:

[1] 文庆城. 化学实验教学研究[M]. 北京:科学出版社,2003.

[2] 吕亚娟,白林. 氨气的制取和性质实验的绿化研究[J]. 化学教育,2007,(5):50~51.

[3] 毕华林,傅尚奎,韩庆奎. 化学实验教学研究[M]. 青岛:中国海洋大学出版社,1998.

[4] 西南师范学院化学系. 中学化学教学法实验[M]. 北京:高等教育出版社,1986.

[5] 苗深花,韩庆奎. 化学实验教学论[M]. 北京:科学出版社,2012.

5.3　铜与稀硝酸反应的实验

实验目的

1. 熟练掌握铜与稀硝酸反应实验的原理和方法。
2. 根据一氧化氮的性质设计多种实验方案,并能通过实验比较各个方案的优缺点。
3. 通过实验设计,掌握科研方法,提高研究能力和创新精神。
4. 探索影响铜与稀硝酸反应现象的因素。

实验指导

1. 一氧化氮为无色气体,遇空气中的氧气能迅速被氧化为红棕色的二氧化氮,如何保证铜与稀硝酸反应生成无色的一氧化氮,防止反应过程中被氧化。

2. 硝酸为强腐蚀性酸,在配制稀硝酸时注意取用的操作规程,防止发生意外。

3. 一氧化氮为有毒有害的污染气体,如何操作能够减少一氧化氮对大气的污染。

4. 硝酸的浓度和铜的用量必须合适,如果反应速度较慢,可以适当进行加热。

实验探究

方案一:

实验装置:见图 5-3 中的(a),连接并检查装置的气密性。

操作步骤:(1) 如图组装好仪器,检查装置的气密性备用。

(2) 将铜片放入注射器 B 或分液漏斗中,向烧杯中加入适量预热的稀硝酸,打开止水阀 a、b,向外移动注射器 A 的活塞,慢慢抽取注射器 B 内的空气,稀硝酸沿着注射器 B 慢慢上升,直到充满整个注射器 B,停止抽气,关闭止水阀 a。

(3) 铜与稀硝酸反应产生无色气体,溶液变成蓝色,由于注射器 B 内有气体产生,压强增大,注射器 B 中的溶液不断被排入小烧杯中,收集 5～10 mL 后关闭止水阀 b,反应停止。观察到注射器 B 内的无色气体。

(4) 打开止水阀 b,吸入部分空气,无色气体变为红棕色。

原理探究:铜与稀硝酸反应生成无色一氧化氮,铜与浓硝酸生产红棕色二氧化氮,控制硝酸的浓度,使其与铜生成无色气体,控制反应条件,收集一定量的无色气体,当无色气体遇氧气迅速被氧化成红棕色气体,红棕色气体被水吸收,可制得硝酸。化学反应方程式:

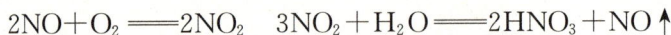

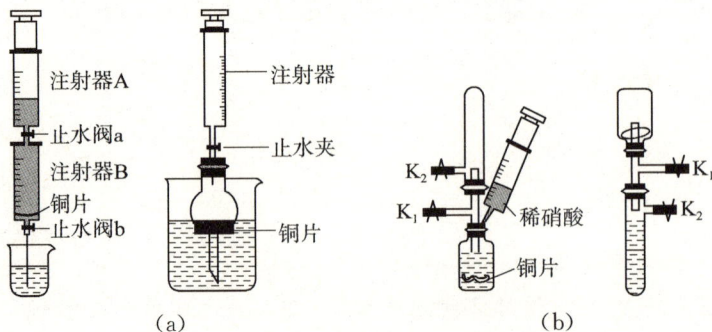

$$3Cu + 8HNO_3 = 3Cu(NO_3)_2 + 2NO\uparrow + 4H_2O$$

$$2NO + O_2 = 2NO_2 \qquad 3NO_2 + H_2O = 2HNO_3 + NO\uparrow$$

(a)　　　　　　　　　　(b)

图 5-3　铜与稀硝酸反应的实验装置图

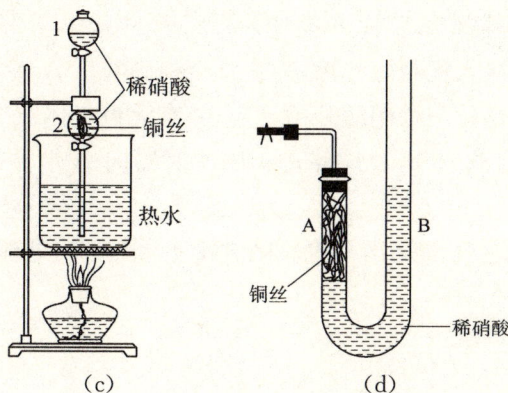

图 5-3　铜与稀硝酸反应的实验装置图

方案二：

实验装置：见图 5-3 中的(b)，连接装置并检查装置的气密性。

操作步骤：(1) 用止水夹加紧 K_1、K_2 处，把打磨好的铜片放入针剂瓶内。

(2) 用注射器向针剂瓶中充满稀硝酸(为了加快反应速度，可事先预热稀硝酸)，具支试管内加入适量稀硝酸，盖紧胶塞，倒立放入试管架上。

(3) 打开 K_2 止水夹，铜片表面有气体生成，针剂瓶内液体液面不断下降，溶液由无色变蓝色，当针剂瓶内溶液即将流出完毕时，关闭 K_2，这时可以看到针剂瓶内充满无色气体——一氧化氮。

(4) 打开 K_1 处，迅速用洗耳球向针剂瓶中鼓入空气，立即关闭 K_1，针剂瓶内无色一氧化氮气体立即生成红棕色二氧化氮气体。

(5) 将仪器放倒，用注射器从 K_1 处打入氢氧化钠溶液，立即关闭 K_1，反复振荡，确保含有的 NO、NO_2 被 $NaOH$ 溶液充分吸收。

原理探究：同方案一

方案三：

实验装置：见图 5-3 中的(c)，连接装置并检查装置的气密性。

操作步骤：(1) 在分液漏斗 1 的长颈上缠上铜丝或用橡皮筋夹上铜片，将分液漏斗 2 装满稀硝酸，赶尽空气，然后安装如图(c)开始反应。

(2) 随反应不断进行，分液漏斗 2 中产生无色气体将液体压入分液漏斗 1 中(为加快反应速度，将分液漏斗 2 浸入热水中，提高铜与稀硝酸的反应速度)。

(3) 当液面下降到与铜分开，反应停止。这时将下面旋塞慢慢打开，液体流下后，进入空气，可看到下面漏斗内气体变为红棕色。

(4) 从分液漏斗 1 上口倒入氢氧化钠溶液，振荡漏斗，可看到气体颜色变浅，分几次加入、振荡，确保气体被充分吸收。

原理探究：同方案一

方案四：

实验装置：见图 5-3 中的(d)，连接装置并检查装置的气密性。

操作步骤:(1) 在不等臂 U 形管 A 端加入打磨后的铜丝,盖好胶塞。

(2) 在 U 形管 B 端注入配制好的稀硝酸,直至稀硝酸从 A 端导管流出,排尽 A 端空气后夹紧 A 端止水夹。铜丝与稀硝酸开始反应,并有无色气体在 A 端生成。

(3) 当液面下降到与铜分开,反应停止。用注射器向 A 端注入气体后,无色气体变为红棕色。

(4) 用注射器将红棕色气体吸出,用氢氧化钠溶液吸收,多次处理确保气体被充分吸收。

原理探究:同方案一

分析与讨论

实验结束后请把各个方案的实验现象填在表 5-3 中并进行比较分析,找出最佳方案。

表 5-3　四种实验方案的分析讨论

方案	实验现象	实验方案的优缺点
方案一		
方案二		
方案三		
方案四		

参考文献:

[1] 潘祥泰. NO 的制备和性质实验的改进与创新[J]. 化学教学,2014,(2):44~45.

[2] 刘亚玲,齐艳娟. 铜与稀硝酸反应的实验改进[J]. 现代阅读,2013,(5):16~17.

[3] 文庆城. 化学实验教学研究[M]. 北京:科学出版社,2003.

5.4　工业制硫酸

实验目的

1. 熟练掌握工业制取硫酸的原理和方法。

2. 能根据原理设计多种实验方案,并能通过实验探索分析比较各个方案的优缺点。

3. 通过实验设计,掌握科研方法,提高研究能力和创新精神。

4. 探究影响三氧化硫制备和吸收的因素。

实验指导

1. 制备二氧化硫时应注意硫源的选择和所用的原料的量,一定要按操作规程操作,防止发生意外。

2. 催化反应要求用新制备的催化剂,以保证催化的活性。

3. 检验生成的硫酸根离子时要注意排除其他离子的干扰。

4. 硫酸的吸收和干燥要注意安全,防止发生意外。

实验探究

方案一:

实验装置:见图 5-4 中的(a),连接并检查装置的气密性。

操作步骤:(1) 在圆底烧瓶中加入 Na_2SO_3 粉末,长颈漏斗中加入浓 H_2SO_4 溶液。

(2) 催化反应管加入适量新制的 Cr_2O_3 粉末,两端用玻璃丝固定。

(3) 打开弹簧夹 a、b,预热催化剂,然后打开分液漏斗将浓硫酸注入圆底烧瓶,同时用双连球向装置内均匀地鼓入空气。

(4) 反应结束后,从盛水的锥形瓶中取出适量溶液,检验溶液中是否有硫酸根离子,即证明有硫酸生成。

原理探究:催化剂的制备采用重铬酸铵加热分解,得新制的 Cr_2O_3 作为催化剂;二氧化硫在催化剂的作用下催化氧化生成三氧化硫,被水吸收后得硫酸,检验水中含有硫酸根而不是亚硫酸根即说明生成了硫酸。

红色的重铬酸铵晶体加热分解,生成了绿色三氧化二铬粉末。其反应的化学方程式:

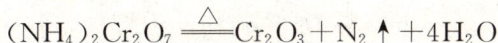

$$(NH_4)_2Cr_2O_7 \xrightarrow{\triangle} Cr_2O_3 + N_2\uparrow + 4H_2O$$

用 98% 浓硫酸来吸收三氧化硫,得到发烟硫酸($H_2SO_4 \cdot xSO_3$)。发烟硫酸可根据需要,用水稀释成不同浓度的硫酸。尾气用 NaOH 溶液来吸收。

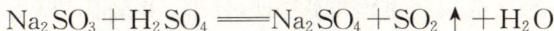

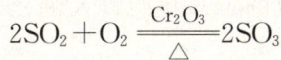

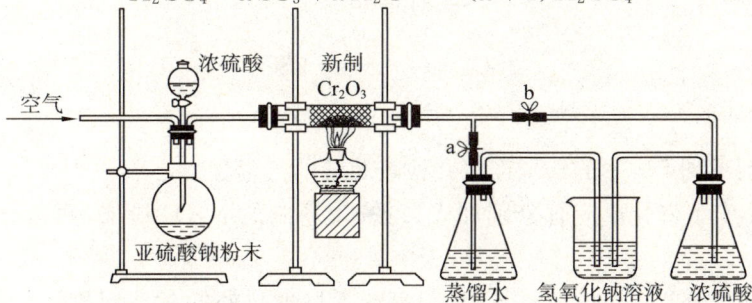

$$Na_2SO_3 + H_2SO_4 \xrightarrow{\quad} Na_2SO_4 + SO_2\uparrow + H_2O$$

$$2SO_2 + O_2 \xrightarrow[\triangle]{Cr_2O_3} 2SO_3$$

$$H_2SO_4 \cdot xSO_3 + xH_2O \xrightarrow{\quad} (x+1)H_2SO_4$$

空气　浓硫酸　新制 Cr_2O_3　b　a

亚硫酸钠粉末　　蒸馏水　氢氧化钠溶液　浓硫酸

(a)

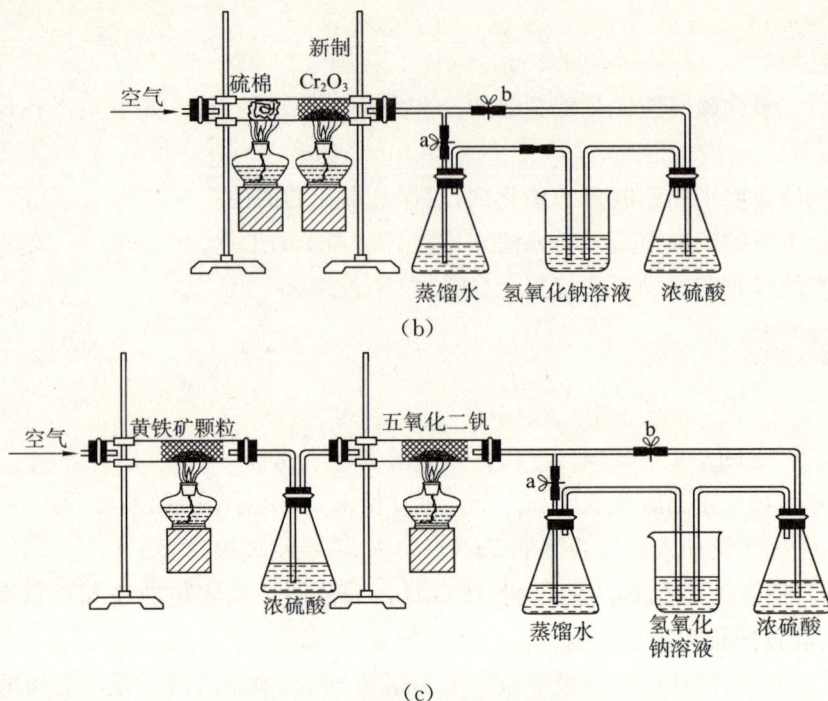

蒸馏水　氢氧化钠溶液　浓硫酸

(b)

蒸馏水　氢氧化　浓硫酸
钠溶液

(c)

图 5-4　工业制硫酸的实验装置图

方案二:

实验装置:见图 5-4 中的(b),连接并检查装置的气密性。

操作步骤:

(1) 催化反应管分别加入硫粉(粘到石棉绒上)、新制的 Cr_2O_3 粉末,两边分别用玻璃丝固定。

(2) 预热催化剂 2 min～3 min 后,加热硫粉并用打气球鼓入空气,使得硫粉在燃烧管中燃烧,生成的气体被鼓入催化剂床层进行反应。

(3) 检验溶液中的硫酸根离子方法同上。

原理探究:催化剂的制备采用重铬酸铵加热分解,得新制的 Cr_2O_3 作为催化剂;硫粉在空气中燃烧生成二氧化硫,生成的二氧化硫进入催化剂床层被催化氧化为三氧化硫,被水吸收后得硫酸。

反应的化学方程式:

$$S + O_2 \xrightarrow{\text{点燃}} SO_2$$

$$2SO_2 + O_2 \xrightarrow[\triangle]{Cr_2O_3} 2SO_3$$

方案三:

实验装置:见图 5-4 中的(c),连接并检查装置的气密性。

操作步骤:(1) 催化反应管分别加入黄铁矿、新制的 V_2O_5 粉末,两边分别用玻璃丝固定。

(2) 预热催化剂 2 min～3 min 后,用酒精喷灯加热硫铁矿并用打气球鼓入空气,使得黄铁矿在燃烧管中燃烧，生成的气体被鼓入催化剂床层进行反应。

（3）检验溶液中的硫酸根离子方法同上。

原理探究：黄铁矿在空气中燃烧生成二氧化硫，生成的二氧化硫进入催化剂床层被催化氧化为三氧化硫，被水吸收后得硫酸。反应的化学方程式：

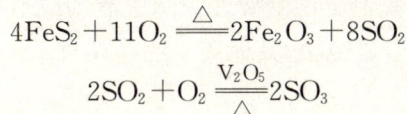

$$4FeS_2 + 11O_2 \xrightarrow{\triangle} 2Fe_2O_3 + 8SO_2$$

$$2SO_2 + O_2 \xrightarrow[\triangle]{V_2O_5} 2SO_3$$

◉ 分析与讨论

实验结束后请把各个方案的实验现象填在表 5-4 中并进行比较分析，找出最佳方案。

表 5-4　三种实验方案的分析讨论

方案	实验现象	实验方案的优缺点
方案一		
方案二		
方案三		

参考文献：

[1] 王瑞生. 接触法制硫酸实验的改进[J]. 化学教育. 1984,10:45.

[2] 李承欧. 用接触法由硫制硫酸的演示实验[J]. 化学通报. 1956,4:56～57.

[3] 任跃红. 中学化学实验研究[M]. 北京：中国石化出版社,2011.

5.5　制备氢氧化亚铁的实验

◉ 实验目的

1. 熟练掌握制备氢氧化亚铁实验的原理和方法。

2. 能根据原理设计多种实验方案，并能通过实验探索分析比较各个方案的优缺点。

3. 通过实验设计，掌握科研方法，提高研究能力和创新精神。

4. 探究影响氢氧化亚铁制备的因素。

实验指导

1. 用浓硫酸配制稀硫酸时,一定要按操作规程操作,防止发生意外。
2. 在加入还原铁粉时,要保证铁粉的过量。
3. 要用蒸馏水做实验,配制的溶液要注意除去氧气或不与空气接触。
4. 实验用到的 Fe^{2+} 一定要纯净,其他离子的存在对 $Fe(OH)_2$ 的观察影响较大。

实验探究

方案一:

实验装置:见图 5-5 中的(a)。

操作步骤:(1) NaOH 用新煮沸的蒸馏水进行配制后,用注射器吸取适量,密封备用。

(2) 取 2 g $FeSO_4$ 固体,加入适量除氧的蒸馏水,加入少量还原性 Fe 粉。用注射器吸取适量上层清液,密封备用。

(3) 将 NaOH 溶液注入到含有 $FeSO_4$ 溶液的注射器中,观察实验现象,记录实验结果。

原理探究:用新配制的 NaOH、$FeSO_4$ 溶液,为了有效避免氧气溶解在溶液中,加入 Fe 粉则防止 Fe^{2+} 被氧气氧化。化学反应方程式:

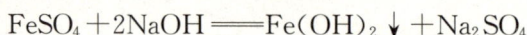

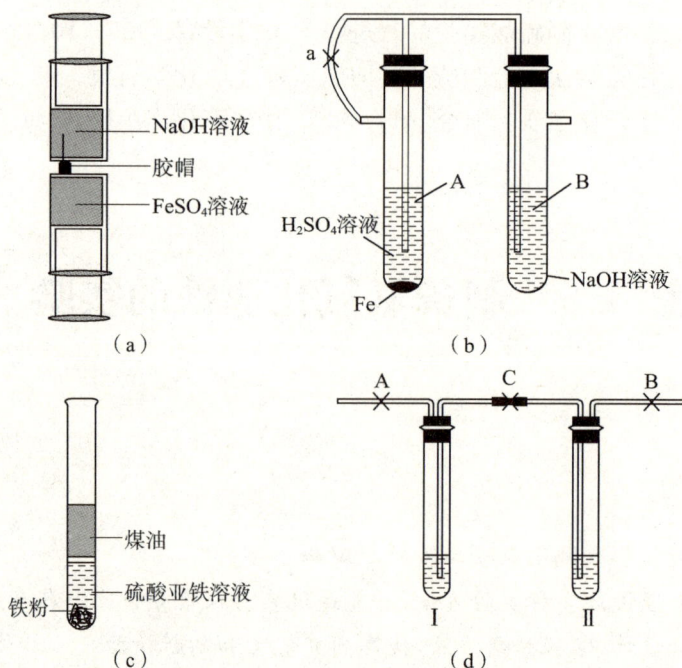

$$FeSO_4 + 2NaOH \Longrightarrow Fe(OH)_2 \downarrow + Na_2SO_4$$

图 5-5 制备 $Fe(OH)_2$ 的实验装置图

方案二:

实验装置:见图 5-5 中的(b),连接并检查装置的气密性。

操作步骤:(1) 在 B 管中加入除去 O_2 的 NaOH 溶液(利用沸水浴加热 5 min),在 A 管中加入 H_2SO_4 溶液和适量铁粉(要过量),连接好实验装置。

(2) 迅速打开夹子 a,等到 Fe 粉快要消耗完以后,关上夹子 a,观察实验现象,记录实验结果。

原理探究:用沸水浴除去 NaOH 溶液中溶解的 O_2,铁粉与 H_2SO_4 溶液反应放热可以除去 A 试管中的溶液溶解的 O_2,关闭夹子 a,产生的 H_2 使得 A 内压强增大,A 内溶液顺着导管压入 B 内。化学反应方程式:

$$Fe + 2H_2SO_4 = FeSO_4 + H_2\uparrow \quad FeSO_4 + 2NaOH = Fe(OH)_2\downarrow + Na_2SO_4$$

方案三:

实验装置:见图 5-5 中的(c)。

操作步骤:(1) 准备一支洁净的试管,金属钠、煤油、$FeSO_4$ 溶液、Fe 粉。

(2) 向试管中加入除去 O_2 的 $FeSO_4$ 溶液和少量还原性铁粉,在上层加适量煤油进行液封。

(3) 向步骤 2 中加入黄豆粒大小的钠块。观察实验现象,记录实验结果。

原理探究:$FeSO_4$ 溶液经过除氧,并且加入还原性铁粉,防止了 Fe^{2+} 被氧化。煤油可以隔绝空气,煤油的密度比钠块小,所以钠块沉在底部与 $FeSO_4$ 溶液中的水接触后发生反应。化学反应方程式:

$$2Na + 2H_2O = 2NaOH + H_2\uparrow \quad FeSO_4 + 2NaOH = Fe(OH)_2\downarrow + Na_2SO_4$$

方案四:

实验装置:如图 5-5 中的(d),连接并检查装置的气密性。

操作步骤:(1) 先向 Ⅱ 中加入金属铁和除去 O_2 的蒸馏水,再向 Ⅰ 中加入适量铁粒和稀 H_2SO_4 溶液,连接好装置,打开夹子 A、B,关闭夹子 C。

(2) 待金属钠反应完全,迅速关闭夹子 A,打开夹子 C。观察实验现象,记录实验结果。

原理探究:钠与除去 O_2 的蒸馏水反应制取 NaOH 溶液,铁粒和稀 H_2SO_4 溶液反应制 $FeSO_4$,减少溶液中溶解的氧。钠与水反应速度快,铁粒与 H_2SO_4 溶液反应速度较慢,关闭夹子 A,打开夹子 C,Ⅰ 中产生的 H_2 使得 Ⅰ 中压强增大,使溶液通过导管压入 Ⅱ 中。化学反应方程式:

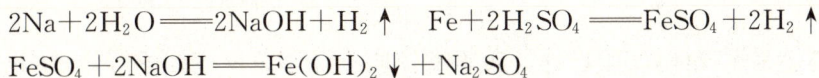

$$2Na + 2H_2O = 2NaOH + H_2\uparrow \quad Fe + 2H_2SO_4 = FeSO_4 + 2H_2\uparrow$$

$$FeSO_4 + 2NaOH = Fe(OH)_2\downarrow + Na_2SO_4$$

分析与讨论

实验结束后请把各个方案的实验现象填在表 5-5 中并进行比较分析,找出最佳方案。

表 5-5　四种实验方案的分析讨论

方案	实验现象	实验方案的优缺点
方案一		
方案二		
方案三		
方案四		

参考文献:

[1] 穆新巧. 制备氢氧化亚铁实验的改进[J]. 教学仪器与实验. 2007,23(10):17.

[2] 文庆城. 化学实验教学研究[M]. 北京:科学出版社,2003.

[3] 任跃红. 中学化学实验研究[M]. 北京:中国石化出版社,2011.

5.6　氨的催化氧化实验

实验目的

1. 熟练掌握氨的催化氧化实验的原理和方法。

2. 能根据原理设计多种实验方案,并能通过实验探索分析比较各个方案的优缺点。

3. 通过实验设计,掌握科研方法,提高研究能力和创新精神。

4. 探究影响氨的催化氧化的因素。

实验指导

1. 氨气为易燃易爆气体,实验设计及实验操作应主要避免反应器的爆炸,防止发生意外。

2. 催化剂要用新制的,以保证催化效果。

3. 二氧化氮为有毒有害气体,操作过程中注意尾气的处理,防止二氧化氮泄露。

实验探究

方案一：

实验装置：见图 5-6 中的(a)，连接并检查装置的气密性。

操作步骤：(1) 在反应管装入新制的催化剂，并用玻璃丝将催化剂固定。

(2) 加热催化剂，约 1～2 分钟后，用打气球鼓入空气，使得空气及氨气的混合气体通过灼热的催化剂进行反应。

(3) 锥形瓶中有红棕色气体生成，烧杯中的石蕊试液变色。

原理探究：在一定温度和催化剂作用下，氨被催化氧化成一氧化氮。一氧化氮极易被空气中的氧气氧化成二氧化氮，二氧化氮被水吸收生成硝酸和一氧化氮。利用这个原理来制备硝酸。

化学反应方程式如下：

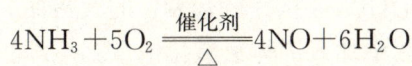

$$3NO_2 + H_2O == 2HNO_3 + NO$$

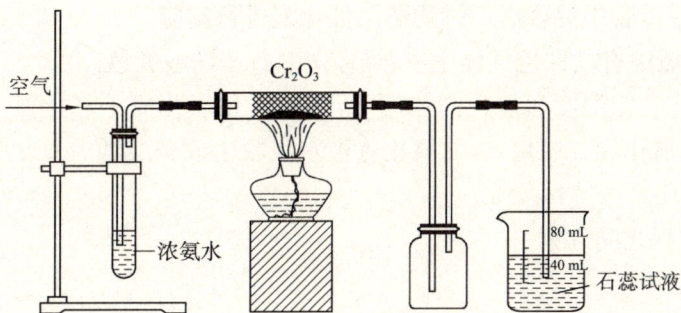

（a）

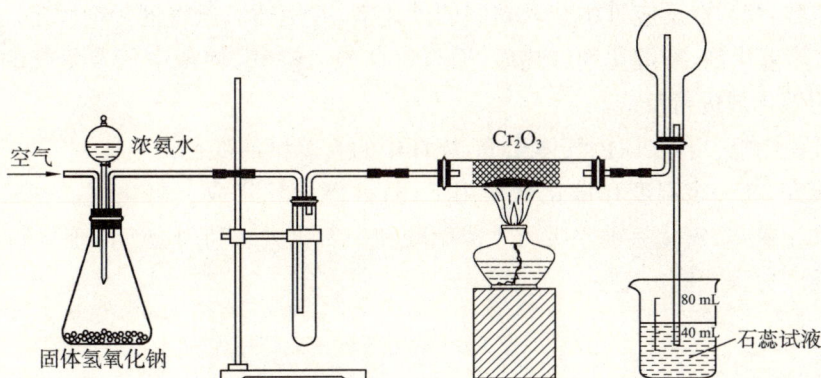

（b）

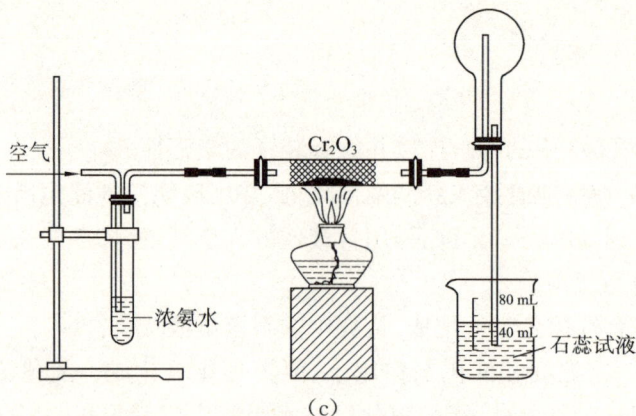

图 5-6 氨的催化氧化实验装置图

方案二：

实验装置：见图 5-6 中的(b)，连接并检查装置的气密性。

操作步骤：(1) 在锥形瓶中加入固体氢氧化钠，在分液漏斗内加入浓氨水。

(2) 在反应管中装入新制的催化剂，并用玻璃丝将催化剂固定。

(3) 加热催化剂，约 1～2 分钟后，用打气球鼓入空气，同时将浓氨水滴加入锥形瓶中，氨气和空气在试管中混合后通过灼热的催化剂进行反应。

(4) 圆底烧瓶中有红棕色气体生成，烧杯中的石蕊试液变色。

原理探究：在一定温度和催化剂作用下，氨被催化氧化成一氧化氮。一氧化氮极易被空气中的氧气氧化成二氧化氮，二氧化氮被水吸收生成硝酸和一氧化氮。利用这个原理来制备硝酸。

化学反应方程式同方案一。

方案三：

实验装置：见图 5-6 中的(c)，连接并检查装置的气密性。

操作步骤：(1) 在反应管中装入新制的催化剂，并用玻璃丝将催化剂固定。

(2) 加热催化剂，待催化剂红热后，用打气球鼓入空气，使得空气及氨气的混合气体通过灼热的催化剂进行反应。

(3) 圆底烧瓶中有红棕色气体生成，烧杯中的石蕊试液变色。

原理探究：在一定温度和催化剂作用下，氨被催化氧化成一氧化氮。一氧化氮极易氧化成二氧化氮，二氧化氮被水吸收生成硝酸和一氧化氮。利用这个原理来制备硝酸。

化学反应方程式同方案一。

🔍 **分析与讨论**

实验结束后请把各个方案的实验现象填在表 5-6 中并进行比较分析,找出最佳方案。

表 5-6　三种实验方案的分析讨论

方案	实验现象	实验方案的优缺点
方案一		
方案二		
方案三		

参考文献:

[1] 周怀伟. 氨氧化法制硝酸实验改进[J]. 广州化工,2005,(4):73~72.

[2] 王祥. 氨氧化法制硝酸无污染实验装置的改进[J]. 内蒙古教育学院学报,2000,(3):61~62.

[3] 谭宗俊,游小莉,王悦等. 氨氧化制硝酸的微型和创新设计[J]. 中学化学教学参考,2012,(5):54.

[4] 王彦为. 氨氧化制硝酸实验探究[J]. 通化师范学院学报,2005,(2):109~111.

[5] 廖可珍. 关于氨氧化法制硝酸的演示实验[J]. 化学通报,1956,(11):59~60.

[6] 鲁梧. 氧化氨法制硝酸的演示实验[J]. 化学通报,1957,(6):67~72.

[7] 陈元良. 氨的接触氧化法制硝酸的演示实验[J]. 化学通报,1957,(9):65.

5.7　喷烟喷泉联合实验

🔍 **实验目的**

1. 熟练掌握制备喷烟喷泉联合实验的原理和方法。
2. 能根据原理设计多种实验方案,并能通过实验探索分析比较各个方案的优缺点。
3. 通过实验设计,掌握科研方法,提高研究能力和创新精神。
4. 探究影响喷烟喷泉联合实验现象的因素。

实验指导

1. 使用的氨气和氯化氢气体均为腐蚀性气体,一定要按操作规程操作,防止发生意外。

2. 喷烟喷泉联合实验利用了气体的化学性质和溶解性,装置必须气密性良好且干燥。

3. 气体的收集必须保证气体的通路良好,防止局部封闭,导致体系发生爆炸。

4. 喷泉实验应在气密性良好的体系中自发完成,部分方案设计因装置内负压不足,需要用少量的水进行引发后形成喷泉。

实验探究

方案一:

实验装置:见图 5-7 中的(a),连接并检查装置的气密性。

操作步骤:(1) 加热浓盐酸,并收集氯化氢气体于圆底烧瓶中,收集验满后关闭止水夹④备用。

(2) 将浓氨水滴入盛有固体氢氧化钠的锥形瓶中,制取氨气。关闭止水夹②、③的同时,打开止水夹①,圆底烧瓶中有大量白烟生成,形成喷烟实验。

(3) 关闭止水夹①,用注射器向圆底烧瓶中注入少量的水,打开止水夹③,酚酞试液被迅速吸入圆底烧瓶,形成喷泉。

原理探究:氨气和氯化氢气体接触极易形成白色固体氯化铵。当氨气通入盛有氯化氢的圆底烧瓶时,迅速生成白色固体氯化铵,形成白烟;氯化氢和氨气极易溶于水,当注射器注入少量水后,过量的气体溶于水,圆底烧瓶内形成一定负压,从而形成喷泉现象。化学反应方程式:$HCl + NH_3 == NH_4Cl \downarrow$。

(a)

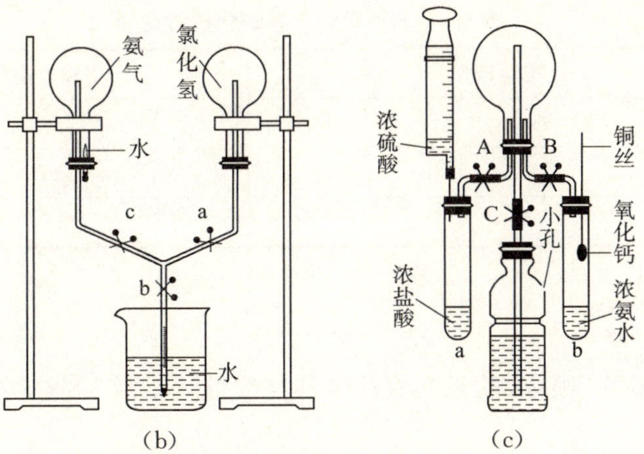

图 5-7 喷烟喷泉联合实验的装置图

方案二:

实验装置:见图 5-7 中的(b),连接并检查装置的气密性。

操作步骤:(1) 分别在两个圆底烧瓶中集满氯化氢气体和氨气。

(2) 关闭止水夹 b,打开止水夹 a 和止水夹 c,用胶头滴管注入少量的水,氯化氢气体会迅速冲入集氨气的圆底烧瓶,形成喷烟实验。

(3) 打开止水夹 b,在 2 个烧瓶内会迅速形成喷泉。

原理探究:当氨气溶于少量的水后,在集氨气的圆底烧瓶内形成负压,氯化氢被吸收至集氨气的圆底烧瓶中,氨气和氯化氢气体接触极易形成白色固体氯化铵,形成喷烟实验;当圆底烧瓶中的气体生成固定后,瓶内气体压强减小,形成负压,水会迅速注入圆底烧瓶中,从而形成喷泉现象。

方案三:

实验装置:见图 5-7 中的(c)图,连接并检查装置的气密性。

操作步骤:(1) 打开止水夹 A,关闭止水夹 B,并断开止水夹 C,将浓硫酸逐滴滴入盛有浓盐酸的试管中,制取氯化氢气体。当观察到止水夹 C 处出现白雾时,则表示圆底烧瓶已经收集满氯化氢气体,将断开的止水夹 C 处连接,并关闭止水夹 C。

(2) 关闭弹簧夹 A,打开弹簧夹 B,将粗铜丝插入浓氨水中,有大量的氨气放出,圆底烧瓶内出现大量的白烟;再次打开止水夹 A,可观察到持续产生大量白烟;一段时间之后,圆底烧瓶内壁上附着了一层白色固体。

(3) 关闭止水夹 A、B,打开止水夹 C,塑料瓶内的水被吸入圆底烧瓶中而形成喷泉。

原理探究:氨气和氯化氢气体接触极易形成白色固体氯化铵,形成喷烟实验;当圆底烧瓶中的气体生成固体后,瓶内气体压强减小,形成负压,水会迅速注入圆底烧瓶中,从而生成喷泉现象。

🔍 **分析与讨论**

实验结束后请把各个方案的实验现象填在表 5-7 中并进行比较分析,找出最佳方案。

表 5-7　三种实验方案的分析讨论

方案	实验现象	实验方案的优缺点
方案一		
方案二		
方案三		

参考文献：

[1] 高红旗,郭强. 喷烟、喷泉实验的创新与改进[J]. 实验教学与仪器,2016,(4)：36～37.

[2] 文庆城. 化学实验教学研究[M]. 北京:科学出版社,2003.

[3] 任跃红. 中学化学实验研究[M]. 北京:中国石化出版社,2011.

[4] 吕亚娟,白林. 氨气的制取和性质实验的绿色化研究[J]. 化学教育,2007,(5):50.

[5] 刘文明,向清祥. 化学教学论实验[M]. 成都:电子科技大学出版社,2008.

第6章

中学化学研究性实验

6.1 叶绿体色素的提取和分离实验研究

实验目的

1. 熟练掌握叶绿体色素提取和分离的原理和方法。

2. 能用分离原理设计多种实验方案,并能通过实验探索分析比较各个方案的优缺点。

3. 通过实验设计,掌握科研方法,提高研究能力和创新精神。

4. 探究影响叶绿体色素分离的因素。

实验指导

1. 叶绿素本身不稳定,在研磨时操作要迅速。

2. 丙酮易挥发且有毒,方案中应把握好丙酮的用量及实验操作的迅速性。

3. 分离色素时,应注意层析液液面与色素在纸色谱上的位置。

实验探究

方案一:

实验装置:见图 6-1 中的(a)。

操作步骤:(1) 取菠菜或冬青的新鲜叶片 4~5 片(2 g 左右),洗净剪碎,放入研钵中。

(2) 研钵中加入少量的石英砂(约 1 g)和碳酸钙粉(约 1 g)。加入 4 mL 95% 乙醇,研磨至溶液显墨绿色备用。

(3) 在层析缸中加入石油醚和丙酮的混合液(石油醚:丙酮＝9:1),取提取色素在纸色谱条下划滤液线,将纸色谱条放入层析缸中,层析液不能浸没滤液线。

(4) 提取色素在纸色谱上展开,得到不同色素色谱带。

原理探究:提取色素在不同溶液中各组分性质的差异(如吸附力、分子的大小、分配系数等),使各组分在两相(其中一相为固相,与待分离的物质进行可逆的吸附、溶解、交换等作用;另一相为流动相,推动固定相与待分离的物质朝一个方向移动)中的分布程度不同,从而使各组分以不同的速率移动而达到分离的目的。

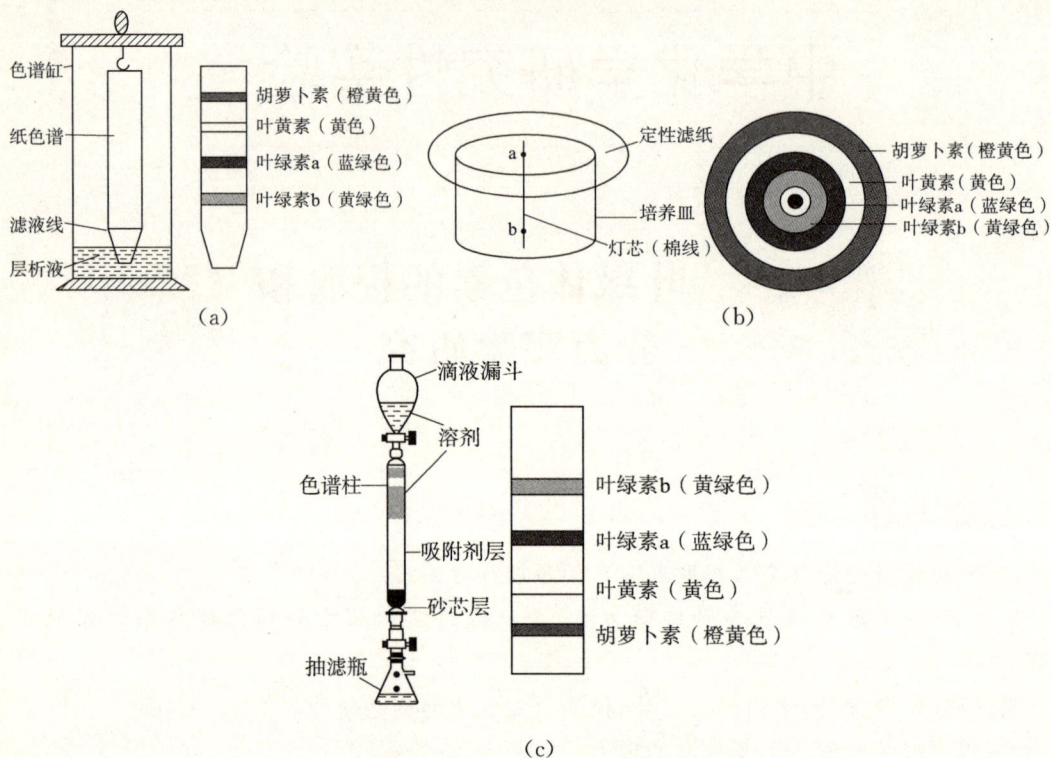

图 6-1 叶绿素层析分离的实验装置图

方案二:

实验装置:见图 6-1 中的(b)。

操作步骤:(1)(2)同方案一。

(3)取直径为 11 cm 的干燥圆形定性滤纸,用毛细管吸取色素滤液,在滤纸的中央点成圆形的色素斑,重复 4～5 次,然后取一枚缝衣针,穿一条细棉线,在棉线末端打个结,将针穿过滤纸上的色素斑中心,在距离结约 4 cm 处剪断棉线,取一直径 10 cm 的培养皿,加入 5 mL 层析液,把上述圆形滤纸扣在培养皿底上面,无线结的一面朝下,棉线则浸没在层析液中,再将培养皿盖扣在滤纸上。

(4)色素在滤纸上随展开剂展开,形成辐射型纸色谱。

原理探究:滤纸上的提取色素在棉线吸附的流动相中作用力不同,展开剂推动固定相与待分离的物质呈辐射型在滤纸上扩散,从而使各组分以不同的速率移动而达到分离的目的。

方案三:

实验装置:见图 6-1 中的(c)。

操作步骤:(1)(2)同方案一。

(3) 将提取液加入准备好的柱状色谱柱中,加入展开剂进行分离(保证展开剂始终浸没提取液表面),持续加入展开剂提取后,提取色素在色谱柱中分离。

原理探究:提取色素加入到柱状色谱填料表面后,随展开剂向下流动,因各种色素在展开剂床层的作用力不同,使得色素移动速度不同,最终得以分离。

🔍 分析与讨论

实验结束后请把各个方案的实验现象填在表 6-1 中并进行比较分析,找出最佳方案。

表 6-1　三种实验方案的分析讨论

方案	实验现象	实验方案的优缺点
方案一		
方案二		
方案三		

参考文献:

[1] 李广洲,陆真. 化学教学论实验[M]. 北京:科学出版社,2010.

[2] 肖常磊,钱扬义. 中学化学实验教学论[M]. 北京:化学工业出版社,2007.

[3] 龚正元,柏如意. 层析法提取和分离菠菜叶绿体中色素的实验研究 [J]. 化学教育,2011,(2):60～63.

[4] 苗深花,韩庆奎. 化学实验教学论[M]. 北京:科学出版社,2012.

6.2　实验室制备乙酸乙酯实验的探索

🔍 实验目的

1. 熟练掌握实验室制取乙酸乙酯的原理和方法。
2. 能根据原理设计多种实验方案,并能通过实验探索分析比较各个方案的优缺点。
3. 通过实验设计,掌握科研方法,提高研究能力和创新精神。
4. 探究影响乙酸乙酯制备的因素。

实验指导

1. 浓硫酸除起催化作用外,还吸收反应生成的水,使用浓硫酸时一定要按操作规程操作,防止发生意外。

2. 有机反应易生成有机副产物,控制反应温度,防止副反应的发生。

3. 酯化反应是可逆反应,一般只有 2/3 的原料转化成酯,为了获得高产率的酯,可以增加廉价易得的原料的量,使平衡向右移动。

4. 接收器中饱和 Na_2CO_3 溶液可以使生成的酯分离出来,但由于都是无色液体,液面不明显,为了看清酯和水层的界面,在少量水层和酯层中加入溶解度不同的有色试剂,即可看清界面。

实验探究

方案一:

实验装置:见图 6-2 中的(a),连接装置并检验装置的气密性。

操作步骤:(1) 在一支大试管里加入一定量的乙醇和冰醋酸,再缓缓地加入浓硫酸,振荡使溶液混合均匀。

(2) 开始用小火加热混合液,以后逐渐提高加热温度,但不可以使溶液沸腾(或用水浴加热,水浴保持温度在 100℃ 左右),产生的蒸气经导管通到饱和 Na_2CO_3 溶液的液面上。

(3) 加热数分钟后,在饱和 Na_2CO_3 溶液的液面上看到有透明油状物生成,并可以闻到一种特殊的香味,这就是生成的乙酸乙酯。

(4) 当管内混合液只剩下原来的 1/3 时停止加热。

原理探究:在浓硫酸存在并加热的条件下,乙酸与乙醇作用发生酯化反应,生成乙酸乙酯。反应中,浓硫酸除起催化作用外,还吸收反应生成的水,使反应有利于乙酸乙酯的生成。若反应温度超过 130℃,则促使副反应发生,生成乙醚。因此温度的控制是乙酸乙酯产率高低的关键。反应方程式为:

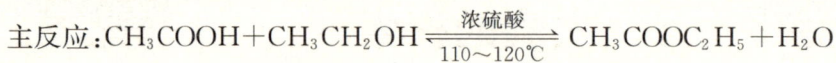

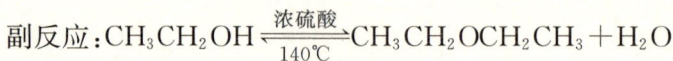

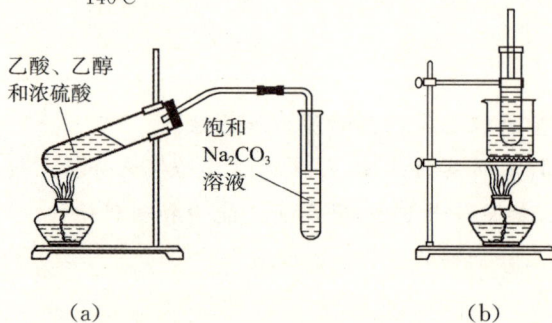

主反应:$CH_3COOH + CH_3CH_2OH \underset{110\sim120℃}{\overset{浓硫酸}{\rightleftharpoons}} CH_3COOC_2H_5 + H_2O$

副反应:$CH_3CH_2OH \underset{140℃}{\overset{浓硫酸}{\longrightarrow}} CH_3CH_2OCH_2CH_3 + H_2O$

图 6-2　制备乙酸乙酯的实验装置图

方案二：

实验装置：见图 6-2 中的(b)，连接并检查装置的气密性。

操作步骤：(1) 向试管中注入一定量的乙醇、乙酸，加入一定量浓硫酸，试管用单孔塞配一根竖直的长玻璃导管作为冷凝管(不宜过短，以 30 cm 左右为宜)，做成一个冷凝回流的装置。

(2) 把试管放在沸水里加热，3～5 min 后从沸水中取出冷却(或放在冰水中冷却)。

(3) 向混合液中加入一定量的水，振荡后静置片刻，可以看到水与酯的界面。

(4) 将混合液倒进盛有饱和 NaCl 溶液的小烧杯中，可用分液漏斗把乙酸乙酯分离出来。

原理探究：在浓硫酸存在并加热的条件下，乙酸与乙醇作用发生酯化反应，生成乙酸乙酯。反应中，浓硫酸除起催化作用外，还吸收反应生成的水，使反应有利于乙酸乙酯的生成。反应结束后，反应中没有反应完全的乙酸和乙醇则溶于饱和 NaCl 溶液中，而酯则因盐析作用浮在水层上面。

分析与讨论

实验结束后请把各个方案的实验现象填在表 6-2 中并进行比较分析，找出最佳方案。

表 6-2　两种实验方案的分析讨论

方案	实验现象	实验方案的优缺点
方案一		
方案二		

参考文献：

[1] 杨春霞,孟平蕊,夏光明等. 乙酸乙酯合成方法的改进[J]. 山东建材学院学报,1999,13(3):259～261.

[2] 王蕊,朱宏. 实验室制备乙酸乙酯三种方法的比较 [J]. 天津化工,2001,(1):23～24.

[3] 马建峰. 化学实验教学论[M]. 北京:科学出版社,2006.

[4] 苗深花,韩庆奎. 化学实验教学论[M]. 北京:科学出版社,2012.

[5] 郑长龙. 化学实验教学论[M]. 北京:高等教育出版社,2002.

6.3　纤维素的水解和酯化实验的探究

实验目的

1. 熟练掌握纤维素水解和酯化反应的原理和方法。
2. 能根据原理设计多种实验方案，并能通过实验探索分析比较各个方案的优缺点。
3. 通过实验设计，掌握科研方法，提高研究能力和创新精神。
4. 探究影响纤维素水解的因素。

实验指导

1. 浓硫酸的浓度要适中，一般以 80％～90％为宜。如浓度太高的硫酸会使纤维素发生炭化；如浓度太稀的硫酸会影响纤维素水解的进行。取用硫酸时注意操作规程，防止发生意外。

2. 水解时加热的温度不要太高，否则也会使纤维素发生炭化。

3. 用 $Cu(OH)_2$ 检验半缩醛羟基时，所加氢氧化钠的量应是过量的。

4. 纤维素酯化产物纤维素硝酸酯是无烟炸药的主要成分，实验过程要多加小心，注意防火。

实验探究

方案一：

实验装置：见图 6-3。

操作步骤：(1) 取一支大试管，底部放入一定质量的脱脂棉，并用玻璃棒压紧。

(2) 在大试管中加入 10 滴浓硫酸，用玻璃棒把棉花捣成糊状，在沸水浴中加热 5 分钟后，冷却待用。

(3) 取一定量的水解液于小试管中，加入过量的 NaOH 溶液，再滴入 3 滴 2％$CuSO_4$溶液，有蓝色絮状物生成，于沸水浴中加热，记录生成砖红色沉淀的时间及颜色的深浅。

(4) 取一支小试管加入 2 mL 2％的硝酸银溶液，振荡试管，同时滴加 2％稀氨水，直到析出的沉淀恰好溶解为止（制得澄清的银氨溶液），再取出一定量的水解液于小试管中，在温水浴里加热 3～5 分钟，观察并记录实验现象。

原理探究：纤维素不溶于水，也不溶于一般有机溶剂，而且不具有还原性，但它在纤维素酶或无机酸存在下能完全水解，并定量地得到 D－葡萄糖，且具有还原性，因为其含

有游离的半缩醛羟基,所以在溶液中能还原银离子和铜离子。其反应方程式如下:

$$\underset{\text{纤维素}}{(C_6H_{10}O_5)_n} + nH_2O \xrightarrow[\triangle]{\text{催化剂}} n\underset{\text{葡萄糖}}{C_6H_{12}O_6}$$

检验半缩醛羟基:

(1) 蓝色 $Cu(OH)_2$ 变成砖红色的 Cu_2O

$$CuSO_4 + 2NaOH \longrightarrow Cu(OH)_2\downarrow + Na_2SO_4$$

$$2CH_2OH(CHOH)_4CHO + 2Cu(OH)_2 \xrightarrow{\text{加热}} 2CH_2OH(CHOH)_4COOH + Cu_2O\downarrow + 2H_2O$$

(2) 发生银镜反应

$$CH_2OH(CHOH)_4CHO + 2Ag(NH_3)_2OH \xrightarrow{\text{加热}} CH_2OH(CHOH)_4COONH_4 + 2Ag\downarrow + 3NH_3 + H_2O$$

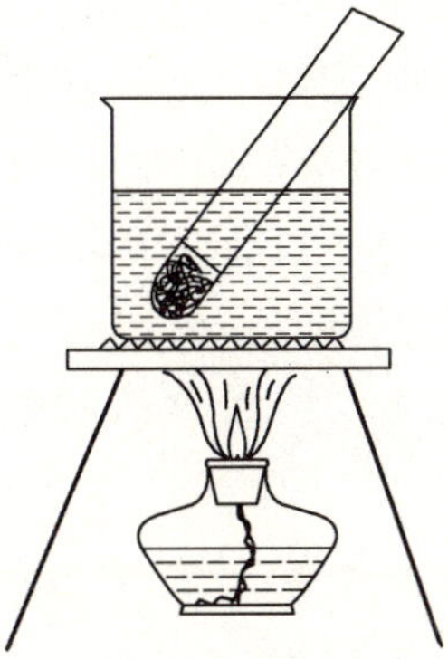

图 6-3　纤维素水解和酯化的实验装置

方案二:

实验装置:见图 6-3。

操作步骤:(1) 与方案一相同。

(2) 加入 4 滴蒸馏水,再加入 10 滴浓硫酸,用玻璃棒捣成糊状。在沸水浴中加热 5 分钟后,冷却待用。

(3)(4)与方案一相同。

原理探究:纤维素在硫酸存在下能完全水解,并定量地得到 D－葡萄糖,且具有还原性,本方案考察了先加入的水对硫酸水解的影响,利用新制的氢氧化亚铜和新制的银氨溶液对水解产物进行检验。

方案三:

实验装置:见图 6-3。

操作步骤:(1) 与方案一相同。

(2) 在大试管中加入 10 滴浓硫酸,用玻璃棒把棉花捣成糊状,立即加入 2 mL 蒸馏水稀释、摇匀。在沸水浴中加热 5 分钟后,冷却待用。

(3)(4)与方案一相同。

原理探究:纤维素在硫酸存在下能完全水解,并定量地得到 D－葡萄糖,且具有还原性,本方案考察了加入硫酸后再加入的水对硫酸水解的影响,利用新制的氢氧化亚铜和新制的银氨溶液对水解产物进行检验。

方案四:

实验装置:如图 6-3。

操作步骤:(1) 取 1 支大试管,加入 4 mL 浓硝酸,小心振荡下加入 8 mL 浓硫酸,温度冷却到室温备用。

(2) 取一定量脱脂棉,用玻璃棒浸入混酸中,再将试管浸在 60℃～70℃ 的热水浴中加热 8 分钟,用玻璃棒不断搅动。

(3) 用玻璃棒挑出棉花,放在烧杯中充分洗涤,再在流水下冲洗,洗时用手将棉花撕开,洗完后,把水挤干,放在表面皿上 80℃～90℃ 干燥,得到浅黄色、干燥的硝酸纤维素。

(4) 取一小团硝化棉,将火柴头包住后,在酒精灯下点燃,若硝化棉被点燃,而火柴头不燃,说明硝化充分;若硝化棉被点燃,同时火柴头也被引燃,则证明硝化不充分。

原理探究:纤维素与浓硝酸和浓硫酸的混合液反应时,纤维素分子中的羟基与硝基会发生酯化反应,即为硝化反应,可得到纤维素硝酸酯。而实际上纤维素分子中的羟基不可能全部酯化,它的酯化程度与酸的浓度和反应条件(温度、时间等)有关。不同酯化程度的醋酸纤维有不同的性能和用途。纤维素硝酸酯受热时分解,放出大量的热,并产生大量气体。其主要反应如下:

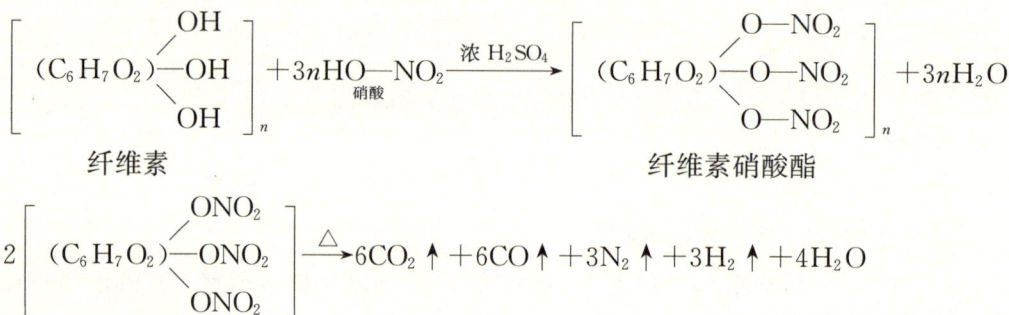

$$\left[(C_6H_7O_2) {\overset{\displaystyle OH}{\underset{\displaystyle OH}{-OH}}} \right]_n + 3nHO-NO_2 \xrightarrow{\text{浓 } H_2SO_4} \left[(C_6H_7O_2) {\overset{\displaystyle O-NO_2}{\underset{\displaystyle O-NO_2}{-O-NO_2}}} \right]_n + 3nH_2O$$

纤维素 　　　　　硝酸　　　　　　　　纤维素硝酸酯

$$2\left[(C_6H_7O_2) {\overset{\displaystyle ONO_2}{\underset{\displaystyle ONO_2}{-ONO_2}}} \right] \xrightarrow{\triangle} 6CO_2\uparrow + 6CO\uparrow + 3N_2\uparrow + 3H_2\uparrow + 4H_2O$$

🔍 **分析与讨论**

实验结束后请把各个方案的实验现象填在表 6-3 中并进行比较分析,找出最佳方案。

表 6-3　四种实验方案的分析讨论

方案	实验现象	实验方案的优缺点
方案一		
方案二		
方案三		
方案四		

参考文献：

[1] 文庆城. 化学实验教学研究[M]. 北京:科学出版社,2003.

[2] 熊言林,陈红. 纤维素快速水解演示实验的改进[J]. 化学教育,2002,(10):45~48.

[3] 唐清,周湘. 用正交试验法探讨纤维素水解的最佳实验条件[J]. 化学教育,2001,(8):9~10.

[4] 苗深花,韩庆奎. 化学实验教学论[M]. 北京:科学出版社,2012.

[5] 刘一兵. 纤维素水解制备葡萄糖的最佳实验条件探究[J]. 化学实验教学,2010,(4).

[6] 陈红. 纤维素水解实验的改进[J]. 化学教育,1997,(5):33.

[7] 万忠尧. 突破纤维素水解的技术难点[J]. 化学教育,2001,(11):38.

6.4 氯酸钾热分解制氧气催化剂的实验研究

实验目的

1. 熟练掌握氯酸钾制氧气的原理和方法。
2. 能根据原理设计多种实验方案,并能通过实验探索分析比较各个方案的优缺点。
3. 通过实验设计,掌握科研方法,提高研究能力和创新精神。
4. 通过探究不同催化剂对氯酸钾分解制氧气的影响,找出最佳催化剂。

实验指导

1. 氯酸钾本身不稳定,样品的取用及研磨时要注意安全。
2. 采用固固加热制取气体时,仪器的安装要严格按照操作规程,防止发生意外。
3. 催化剂的选择和使用要注意控制用量,以保证反应比较温和,易于控制反应速度。

实验探究

实验装置:见图 6-4,连接装置并检验装置的气密性。

操作步骤:(1)取一定量氯酸钾和二氧化锰(取不同量进行反应,探究催化剂量的影响)混合均匀,将混合物填装入试管中,并塞上橡胶塞。

(2)预热试管后,用酒精灯均匀加热试管,用排水法收集氧气。

(3)记录反应结束的时间和产生气体的体积,填在表 6-4 中。

(4)用同上的方法探究氯酸钾分别与不同量的氧化铜、氧化铁、砖瓦粉反应的情况。并通过列表比较实验结果,找出最佳催化剂。

表 6-4　不同含量 MnO_2 与 $KClO_3$ 反应的探究($KClO_3$ 为 2.870 g)

MnO_2(g)	$KClO_3$：MnO_2	O_2 产量(mL)	时间(min)	现象
1.440	1：0.5			
0.861	1：0.3			
0.287	1：0.1			
0.230	1：0.08			
0.190	1：0.066			
0.1435	1：0.05			

原理探究:氧气是初中阶段实验室制取的一种重要气体,氯酸钾加热分解法制氧气是典型的实验室固固加热反应制取气体的类型,通常是氯酸钾在二氧化锰的催化作用下加热分解产生氧气,还有没有其他物质代替二氧化锰作催化剂呢? 通过实验探究,可以解除学生的疑惑。氯酸钾在二氧化锰的催化作用下加热分解产生氧气的反应原理如下:

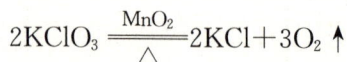

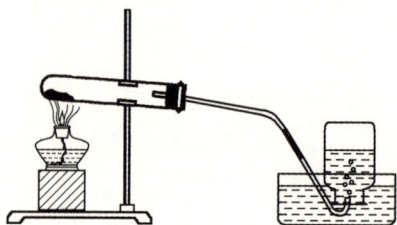

$$2KClO_3 \xrightarrow[\triangle]{MnO_2} 2KCl + 3O_2 \uparrow$$

图 6-4　氯酸钾分解制氧气的实验装置图

表 6-5　四种实验方案的分析讨论(每种催化剂找出 2 个最佳方案进行比较)

催化剂	质量(g)	$KClO_3$：催化剂	O_2 含量(V%)	反应现象(氧气颜色、状态、气味)
MnO_2				
MnO_2				
Fe_2O_3				
Fe_2O_3				
CuO				
CuO				
砖瓦粉				
砖瓦粉				

参考文献：

[1] 苗深花，韩庆奎. 化学实验教学论[M]. 北京：科学出版社，2012.

[2] 北京师范大学等编. 无机化学[M]. 北京：高等教育出版社，2003.

[3] 张凤，汪佩兰. 氯酸钾热分解反应机理的量子化学研究[J]，北京化工大学学报，2008，(6)：30～34.

[4] 王磊. 中学化学实验及教学研究[M]. 北京：北京师范大学出版社，2009.

[5] 王文林. 中学化学教育[M]. 西安：陕西师范大学出版，2003.

6.5　测定乙醇分子结构实验研究

实验目的

1. 熟练掌握测定乙醇分子结构的原理和方法。
2. 根据测定原理设计多种实验方案，并能通过实验探索分析比较各个方案的优缺点。
3. 通过实验设计，掌握科研方法，提高研究能力和创新精神。
4. 探究不同方法对乙醇分子的结构测定。

实验指导

1. 金属钠本身不稳定，在取用和操作过程中注意操作规程，防止发生意外。
2. 乙醇易挥发，方案中应把握好反应速度，以减少反应过程中乙醇的挥发带来的误差。
3. 金属钠可以与水反应放出氢气，反应药品及仪器必须是干燥的。
4. 为保证无水乙醇完全反应，金属钠必须是过量的。

实验探究

方案一：

实验装置：见图 6-5 中的(a)，连接装置并检查装置的气密性。

操作步骤：(1) 用弹簧夹夹住橡皮短导管 a 处，打开橡皮导管 b。从 T 形管通气，使集气瓶和量筒间的导管充满水，量筒内导管的一端正好浸入水面以下，记下水面高度。

(2) 然后用弹簧夹夹紧 c 处，装上橡皮导管 b，开启 a 处弹簧夹。在干燥的烧瓶里投入一定量的去掉氧化层的金属钠薄片，连接好装置，用滴定管慢慢滴入一定量的无水乙醇，同时开启 c 处弹簧夹。

(3) 反应接近完成时，用小火加热烧瓶，让乙醇和钠反应完全。

(4) 反应停止后，等烧瓶完全冷却，量筒和集气瓶里的水调整到一个平面上。记下量筒里水面的高度，两次体积之差就是氢气的体积。

（5）利用计量关系和气体标准状态方程计算生成气体的物质的量。

原理探究：乙醇分子里有 6 个氢原子，设能被钠置换的氢原子个数是 x。实验所用无水乙醇（密度：0.78 g/cm³）跟足量的钠充分反应，得到氢气，由此可以求出乙醇分子里跟钠反应的氢原子数。乙醇羟基上的氢原子可以被金属取代，通过测定反应放出的氢气质量，可以确定乙醇的结构式。其反应方程式如下：

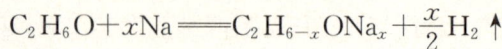

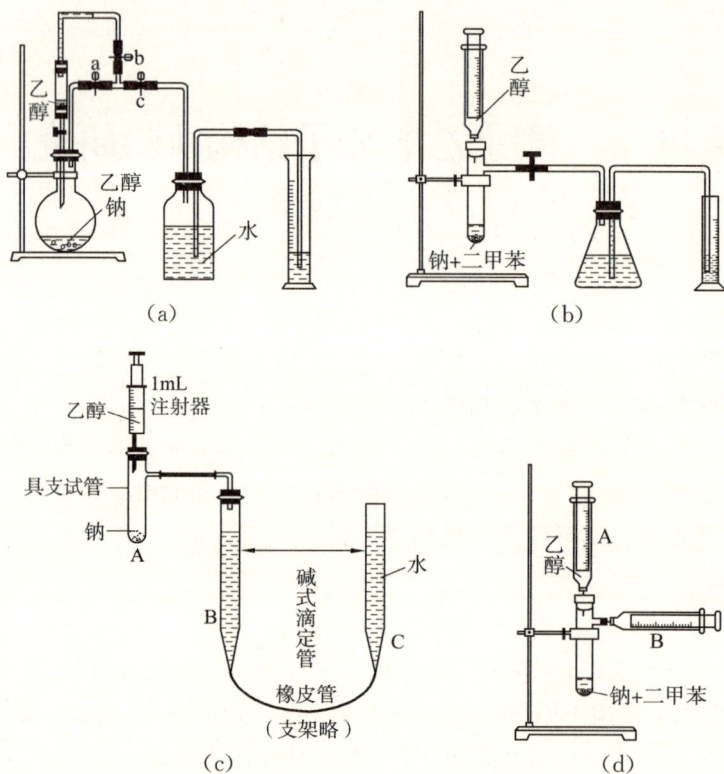

$$C_2H_6O + xNa === C_2H_{6-x}ONa_x + \frac{x}{2}H_2\uparrow$$

图 6-5 测定乙醇分子结构装置图

方案二：

实验装置：见图 6-5 中的（b），连接并检查装置的气密性。

操作步骤：（1）用注射器向安装好的装置里面通气，使集气瓶和量筒间的导管充满水，量筒内导管的一端正好浸入水面以下，记下水面高度。

（2）关闭止水夹，在具支试管内装入混有一定量钠的二甲苯，用注射器慢慢滴入一定量的无水乙醇，同时开启止水夹。

（3）反应接近完成时，用小火加热试管，让乙醇和钠反应完全。

（4）反应停止后，等试管完全冷却，量筒和集气瓶里的水调整到一个平面上。记下量筒里水面的高度，两次体积之差就是氢气的体积。

（5）利用计量关系和气体标准状态方程计算生成气体的物质的量。

原理探究:本方案以注射器计量注入一定量无水乙醇(密度:0.78 g/cm³),跟足量的钠充分反应(金属钠在二甲苯中热熔成钠球),得到氢气,由此可以求乙醇分子里跟钠反应的氢原子数。可以确定乙醇的结构式。其反应方程式同方案一。

方案三:

实验装置:见图6-5中的(c)图,连接并检查装置的气密性。

操作步骤:(1) 在具支试管内装入混有一定量钠的二甲苯,调节碱式滴定管液面在同一高度,记录左侧滴定管的刻度。

(2) 用注射器慢慢滴入一定量的无水乙醇,无水乙醇与钠反应。

(3) 反应接近完成时,用小火加热试管,让乙醇和钠反应完全。

(4) 反应停止后,等试管完全冷却,调整碱式滴定管,使其液面在同一高度,读取左侧滴定管的刻度,两次的差值即为生产氢气的体积。

(5) 利用计量关系和气体标准状态方程计算生成气体的物质的量。

原理探究:本方案以注射器计量注入一定量无水乙醇(密度:0.78 g/cm³),跟足量的钠充分反应,得到氢气,碱式滴定管的连通作用可以减少误差,有效地计算出生产氢气的体积。由此可以求乙醇分子里跟钠反应的氢原子数。可以确定乙醇的结构式。

方案四:

实验装置:如图6-5中的(d),连接并检查装置的气密性。

操作步骤:(1) 在具支试管内装入混有一定量钠的二甲苯。

(2) 用注射器A慢慢滴入一定量的无水乙醇,无水乙醇与钠反应。

(3) 反应接近完成时,用小火加热试管,让乙醇和钠反应完全。

(4) 反应停止后,等试管完全冷却,读取注射器B的刻度,数值减去注射器A加入乙醇的体积,即为生成氢气的体积。

(5) 利用计量关系和气体标准状态方程计算生成气体的物质的量。

原理探究:本方案以注射器计量注入一定量无水乙醇(密度:0.78 g/cm³),跟足量的钠充分反应(金属钠在二甲苯中热熔成钠球),得到氢气,水平注射器B有效地储存生成的气体,由此可以求乙醇分子里跟钠反应的氢原子数,确定乙醇的结构式。

分析与讨论

实验结束后请把各个方案的实验现象填在表6-6中并进行比较分析,找出最佳方案。

表6-6 四种实验方案的分析讨论

方案	实验现象	实验方案的优缺点
方案一		
方案二		
方案三		
方案四		

参考文献：

［1］刘正贤.中学化学实验大全［M］.上海：上海教育出版社,1994.

［2］潘鸿章.中学化学实验研究与创新［M］.海口：南方出版社,2001.

［3］孙志宽.中学化学实验教学研究［M］.杭州：杭州大学出版社,1992.

［4］潘明先.测定乙醇分子结构演示实验的研究［J］.化学教育,2008,(1):71～72.

第7章

手持技术实验研究

国内基于手持技术的探究性教学始于 20 世纪末并发展至今,仍在不断探索,研究较多集中于理科学科教学领域,主要包括实验原理阐释、实验内容拓展讲解及趣味探究性实验开发等,虽研究数目不多,但各有所侧重。针对化学学科领域,国内较有代表性的成果主要包括华南师范大学的钱扬义教授《手持技术在理科实验中的应用研究》《手持技术在研究性学习中的应用》。其中,前者侧重于对手持技术实验仪器的介绍及使用方法说明,并初步开发一系列基于手持技术的化学探究性实验,属于实验开发层面的研究;后者主要运用概念图理论对化学科学课程中学习者的认知规律、学习习惯和学习心理等角度予以详细阐述,属于学习理论探索层面研究。

7.1 手持技术概述

7.1.1 手持技术简介

手持技术(Held Technology)是一种常用的传感器技术,又称为是掌上技术,它是由数据采集器、传感器和配套的软件组成的定量采集各种常见数据并能与计算机连接的实验技术系统,可以利用它对许多自然现象和科学实验进行探究性学习。由于其体积较小,在手掌上就可以操作,采集多种数据,故形象地称为手持技术仪器。

图 7-1 所示是一个简单而又典型的利用手持技术进行科学探究的装置,主要由两部分组成:数据采集器(multilog)和传感器(sensor)。

传感器是手持技术的核心,它能感受到待测物的相关信息,是一系列根据一定的物理、化学原理制成的物理、化学量的感应器具,它们能把外界环境中的某个物理、化学量的变化以电信号的方式输出,在经数据模拟装置转化成数据或图表的形式在数据采集器上显示并存储起来。传感器的工作原理如图7-2。

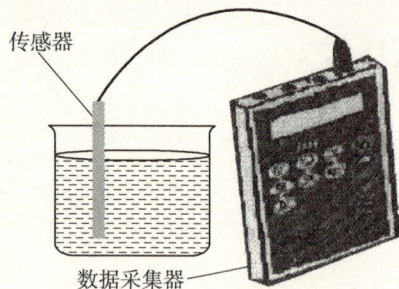

图 7-1 简单的数据采集器   图 7-2 传感器的工作原理

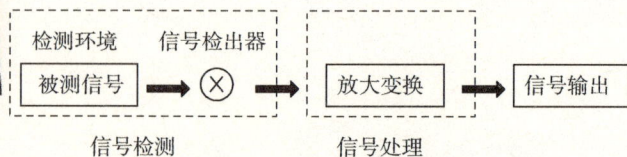

手持技术集数种优点于一身,最突出的优点有:

① 便携 数据采集器和传感器都较小,在手掌上就可以操作。其便携性可让师生们能随时随地进行探究活动,并将实验的过程和结果储存起来,利用科学的手段进行分析,使得学生局限于传统实验室用传统方法进行传统实验的现状得到彻底改变。

② 实时 数据变化过程与实验过程同时进行。如果与计算机连接,就能将显示变化过程的各种形式同时演示出来。另外,通过微型摄像机还可以将实验的整个操作过程演示并储存起来,以后可以实时演示并可在网上传播。

③ 准确 既可以由机器或电脑自动收集实验数据,时间间隔从1秒到1小时任意选择,又可以人工控制收集。

④ 综合 可以与各种探头连接,进行物理、化学、生物、体育、环境、气象等学科的实验和探索研究。

⑤ 直观 可以以图像、指针、刻度计、表格等多种形式动态实时地显示实验的变化过程。可以用自己喜欢的一种显示方式任意查看某一时刻、某一段时间或整个过程的实验数据。

7.1.2 实验数据处理程序

与手持实验技术配套的快速实验数据处理程序——DB-Lab,是一种基于 Windows 操作系统的简便、功能强大的应用程序,我们可以利用它处理数据、绘制图表和进行数学建模,还可以把数据输出到 Excel 表格中进行更复杂的处理。DB-Lab 实现了手持技术与多媒体计算机和 Internet 的连接,可以通过计算机来处理和再现复杂的演示实验现

图 7-3 传感器和多媒体组成的实验系统

象。对于难度较高、具有危险性或无条件做的实验，可以通过 Internet 网上操作远程实验室来实现。这是一个融教育性和娱乐性于一身的科学实验系统，如图 7-3 所示。

DB-Lab 软件是与数据采集器配合使用的可在 Windows 系统中安装使用的应用软件，其主要功能总结如下：

① 可与数据采集器联机，设置数据采集的有关参数，完成数据采集器界面上所有按键具有的功能。

② 可下载数据采集器中存储的实验数据，可以将采集到的数据绘制成图表，以 100 s 或更高的速率重现数据变化过程，模拟实时显示。其较高版本还可以将实验过程拍摄下来转化成视频文件，与实验数据的变化过程同步播放，重现实验过程，形象、直观而且真实，数据、图像可在网络上传播，便于远程实验教学。

③ 可以对绘制成的图表的显示方式进行编辑，也可以对图表的尺寸进行调节。

④ 可以对所得数据进行求平均值、导数、线性回归、微分、积分等函数计算。

7.1.3　化学传感器简介

化学传感器是把特定化学物质的种类和浓度转变成电信号来表示的功能元件，它主要利用敏感材料和被测物质中的分子、离子或生物物质相互接触时直接或间接地引起电极或电势等电信号的变化，基于这个原理，根据不同的应用设计出了各种各样的化学传感器。通过化学传感器可以采集化学实验中所需的各种数据，常见的化学传感器有以下几种。

气体传感器：气体传感器的传感元件多为氧化物半导体，有时在其中加入微量贵金属作增敏剂，增加对气体的活化作用。对于电子给予型的还原性气体如氢、一氧化碳、烃等，用 N 型半导体；对接受电子型的氧化性气体如氧，用 P 型半导体。将半导体以膜状固定于绝缘基片或多孔烧结体上做成传感元件。气体传感器又分为半导体气体传感器、固体电解质气体传感器、接触燃烧式气体传感器、晶体振荡式气体传感器和电化学式气体传感器。

湿度传感器：湿度传感器是测定气体中水汽含量的传感器，又分为电解质式、高分子式、陶瓷式和半导体式湿度传感器。

离子传感器：离子传感器是利用离子选择电极，将感受的离子量转换成可用输出信号的传感器，常用于测量水溶液样本中选定离子的浓度。

温度传感器：温度传感器可测量环境的温度，根据不同的待测温度需选择不同的温度传感器。不同的温度传感器有不同的测量范围，最高可测量达 1000 ℃的高温。

电流传感器：电流传感器可测量电流，常用于电化学实验中测电流。

电压传感器：电压传感器可测量电压，常用于电化学实验中测电动势。

pH 传感器：pH 传感器可快速、精确地测量出溶液的 pH（精确到小数点后 2 位）。

电导率传感器：电导率传感器可测出溶液的电导率，了解溶液的导电能力。

溶解氧传感器：溶解氧传感器可测出水体中的溶解氧，常用于水质分析。

离子选择性传感器：目前有 Ca^{2+}、NH_4^+ 等各种特定离子的选择性传感器，通过这些传感器，可以测出相应离子的浓度。

二氧化碳传感器：二氧化碳传感器可测量环境中的二氧化碳浓度。

滴数传感器：滴数传感器可测出从滴定管等容器中滴出的液滴的数量，常用于自动滴定。

气压传感器：气压传感器可用于监测实验环境的气压。

7.1.4　手持技术在化学学习中的研究及应用

表 7-1 所列为国内外进行的具有典型代表意义的手持技术在化学学习中的研究课题。

表 7-1　国内外手持技术在化学学习中的研究课题

实验课题及简介	实验装置
酸碱滴定——氢氧化钠和盐酸的反应 用温度传感器和 pH 传感器跟踪酸碱中和反应过程中溶液温度和 pH 的变化，得到统一坐标系中的 pH 和温度的变化曲线	
放热反应——氢氧化钠溶于水 用温度传感器和 pH 传感器跟踪氢氧化钠溶解过程中温度和 pH 的变化，探讨氢氧化钠溶解过程的热效应和 pH 变化的影响因素	
化学催化作用——二氧化锰存在时的双氧水分解 用压力传感器跟踪两瓶分别加与不加二氧化锰时双氧水分解过程中的压力变化，通过分析所得压力的变化曲线，探讨催化剂对反应速率的影响	

（续表）

实验课题及简介	实验装置
盐水电导率 用电导率传感器跟踪盐溶解于水的过程中溶液电导率的变化,通过分析得到的电导率变化曲线,并进行数学建模,得到不同盐的溶解方程,进一步讨论盐的溶解速率和影响因素	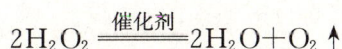

7.2　不同催化剂对双氧水制氧气的影响

实验目的

1. 练习压力传感器的使用方法。
2. 研究不同催化剂对 H_2O_2 制 O_2 的影响。

实验原理

H_2O_2 在常温下是相对稳定的物质,但有催化剂存在的条件下,它可分解放出 O_2。

$$2H_2O_2 \xrightarrow{\text{催化剂}} 2H_2O + O_2 \uparrow$$

使 H_2O_2 分解放出 O_2 的催化剂主要有 MnO_2、Fe^{2+}、Mn^{2+}、Cu^{2+}、Cr^{3+} 等。另外生物酶(过氧化氢酶)也对其有催化作用,过氧化氢酶主要存在于动物的肝、肾、血液、唾液中。

如果在封闭体系中进行这个反应,体系压力的变化直接反映了气体产生了多少,因而本实验选择压力传感器来测量反应过程中的压力变化,探讨催化剂对反应的影响。

仪器试剂

仪器:锥形瓶、橡胶塞、注射器、注射针头(23#)、乳胶管、压力传感器、数据采集器。
试剂:H_2O_2、MnO_2、$CuSO_4 \cdot 5H_2O$、$Cr(NO_3)_3$。

实验步骤

1. 按要求把数据采集器与计算机相接。

2. 将压力传感器与数据采集器连接。

3. 启动数据采集器。

4. 设置实验参数：采样速率，$1s^{-1}$；压力传感器，端口1；数据采集总量，500。

5. 在锥形瓶(250 mL)中加入 8 mL 水和 2 g MnO_2，摇匀。

6. 注射器中吸入 2 mL 3％的 H_2O_2。

7. 用橡胶塞紧紧塞住锥形瓶。

8. 把装有 H_2O_2 注射器的针头插入橡胶塞并穿过，固定，暂不注入 H_2O_2。

9. 按下数据采集器上的"执行"键，启动数据采集。

10. 将注射器中的 H_2O_2 注入锥形瓶。

11. 通过计算机跟踪测量反应进程与气压的变化。

12. 将上述步骤(5)中的 MnO_2 分别用 2 g $CuSO_4 \cdot 5H_2O$、2 g $Cr(NO_3)_3$ 代替，重复做实验。

13. 通过对数据处理，得出不同催化剂对 H_2O_2 分解制 O_2 的速率。

14. 通过对比选出最优催化剂。

实验指导

1. 要确保数据准确，装置气密性很重要，实验前要认真检查装置的气密性。

2. 为了减小误差，每次实验使用的仪器设备要尽量保持一致(其他条件不变)。

3. 由于实验体系为封闭体系，装置的设计一定要保证安全。

4. H_2O_2 是中强氧化剂，与皮肤接触会有强烈的灼烧感，会使局部皮肤毛发发白，产生刺痛、瘙痒，实验时要做好防护。

5. H_2O_2 切忌口服。若不慎与皮肤接触，应用大量清水冲洗。

实验拓展

1. 催化剂用量、双氧水浓度对分解速度的影响

仪器装置见图7-4。集气筒可用量筒代替，也可用 500 mL 集气瓶(其上可用红漆或橡皮筋作体积的记号)代替。分液漏斗中有 10 mL 蒸馏水和10％ H_2O_2 15 mL，锥形瓶内有 0.2 g MnO_2。实验时，应迅速将分液漏斗中溶液放入，用排水法集气。记录由刚放氧至得到 500 mL 气体的时间。然后用同样方法测试分别取用 0.3 g、0.5 g、0.7 g、1 g 二氧化锰时，收集 500 mL 氧气各需多少时间。根据记录所用二氧化锰的质量和获得 500 mL 氧气所需时间绘制曲线图，由此了解相同质量的反应物放出等量的氧气时，催化剂用量与反应所需时间或反应速率的关系(图7-5)。

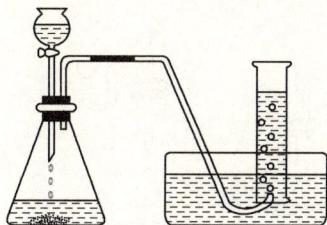

图 7-4 双氧水的催化分解

若用一定质量（如 0.5 g）MnO_2 时，可把 H_2O_2 稀释，用加水量与得到同体积氧气所需时间的关系绘出曲线，可由此而了解在相同催化剂量时浓度与速率的关系，见图 7-6。曲线 a 为 10% H_2O_2 30 mL 加水稀释曲线，曲线 b 为 15% H_2O_2 20 mL 加水稀释曲线。

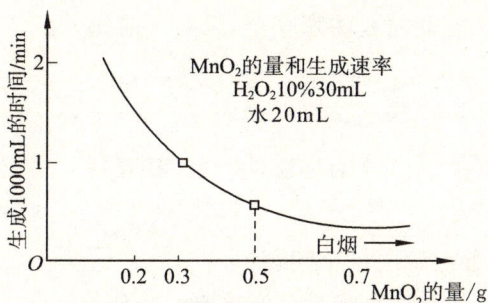

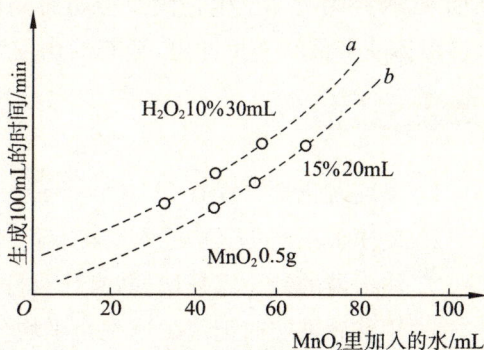

图 7-5 MnO_2 用量与 H_2O_2 分解速率关系　　图 7-6 H_2O_2 分解浓度与速率关系

同体积不同浓度的过氧化氢在通常情况下能释放氧气体积的约数，见表 7-2（若药品放置时间长，则放氧量将相应会减少）。

表 7-2 　H_2O_2 浓度对制氧的影响

H_2O_2 溶液的体积、浓度	可生成 O_2 的体积
1 体积　30%	100
1 体积　15%	50
1 体积　10%	30
1 体积　3%	10

2. 趣味实验

实验装置见图 7-7。图 7-7（a）是"喷泉"装置，在锥形瓶里有 2g MnO_2 且使它位于盛有 5 mL10%～15% H_2O_2 溶液的分液漏斗管口的远方。将 H_2O_2 加入到锥形瓶中，则迅速分解，形成"喷泉"，烧瓶里的水可事先加入少许红墨水。

图 7-7（b）为"飞箭"装置，在广口瓶内放入约 0.1 g～1 g MnO_2，弯曲滴管中已吸入 10% H_2O_2。捏挤胶头使 H_2O_2 溶液流入广口瓶内并发生反应，使"箭"飞出。箭可用硬泡沫塑料或用软木塞削制，插一圆竹签为"箭竿"并插入导管口中。为了防止太涩和漏气，可用凡士林涂抹箭竿后再插入导管内口。一般可预制箭竿多支，用于连续实验。

（a）"喷泉"装置　　　　　　（b）"飞箭"装置

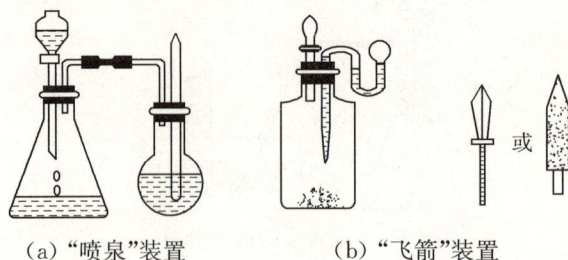

图 7-7　H_2O_2 "喷泉"和 H_2O_2 "飞箭"

注意事项:仪器不得漏气。图 7-7(a)中应把 MnO_2 放于远方一侧,以便 H_2O_2 能够顺利加入,否则因气体产生过快而会妨碍药液继续加入,或在未关活塞前因产生的气体过猛使液体从分液漏斗里冲出,会有灼伤发生。实验时要注意安全,以防飞箭伤人。

🔍 实验思考

1. 温度对化学方程式 $2H_2O_2 \xrightarrow{\text{催化剂}} 2H_2O + O_2\uparrow$ 有何影响? 如何消除?
2. 气压大小与 H_2O_2 制取快慢有何关系?
3. 注射器的针头容易堵塞,有什么好的办法解决这个问题?
4. 用传感器实时记录的速率是平均分解速率还是瞬时分解速率? 为什么?
5. 催化剂性能优劣的指标参数是什么? 为什么?

7.3　氢氧化钠与盐酸中和反应滴定

🔍 实验目的

1. 学习 pH 传感器和温度传感器的联合使用方法。
2. 利用传感技术研究酸碱中和反应的本质及表征。
3. 探究中和反应过程的动态变化。

🔍 实验原理

氢氧化钠与盐酸的反应是一个典型的酸碱中和反应:

$$NaOH + HCl = NaCl + H_2O$$

其本质是:

$$OH^- + H^+ = H_2O$$

　　酸碱滴定有酸滴定和碱滴定之分，当酸滴定碱时，溶液中 pH 随着酸的加入逐渐减小；当碱滴定酸时，溶液中 pH 随着碱的加入逐渐增大。不同滴定过程使用的指示剂不同，传统方法是用指示剂指示终点，不同指示剂终点不一样，酚酞的变色范围是 8～10，甲基橙的变色范围为 3.1～4.4。

　　用 pH 传感器来跟踪滴定过程不仅不需要选择指示剂，而且可以观察到中和反应整个反应过程 pH 的变化，对学生从本质上认识中和反应具有重要意义。

仪器试剂

　　仪器：pH 传感器、温度传感器、磁力搅拌器、烧杯、数据采集器、滴定管。
　　试剂：NaOH（分析纯）、盐酸（分析纯）。

实验步骤

　　1. 将数据采集器与计算机连接。

　　2. 将 pH 传感器与数据采集器的端口 1 连接；将温度传感器与数据采集器的端口 2 连接。

　　3. 设置实验参数：采集速率为 $1\ \text{s}^{-1}$；采集数据总数为 5000。

　　4. 在烧杯中移入 50 mL 的 $0.5\ \text{mol} \cdot \text{L}^{-1}$ NaOH 溶液。

　　5. 将烧杯放到磁力搅拌器上，并放上磁力子；将酸式滴定管中装入标准溶液 $1\ \text{mol} \cdot \text{L}^{-1}$ 盐酸并固定在滴定台上。

　　6. 将 pH 传感器和温度传感器放入烧杯中并固定（注意不能让磁力子碰撞传感器）。

　　7. 启动磁力搅拌器，并调整至适宜速度。

　　8. 跟踪 pH 传感器和温度传感器的变化。

　　9. 当 pH 传感器的数据开始变化时，以一定的速率滴加盐酸（速度要慢）。

　　10. 当 pH 接近 7 时，滴加盐酸的速度要更慢，并认真观察。

　　11. 当 pH＝7 时，pH 变化曲线会出现拐点，表明中和反应结束，停止滴入盐酸。

　　12. 计算：
① 初始 pH、终止 pH。
② $1\ \text{mol} \cdot \text{L}^{-1}$ 盐酸滴定 50 mL NaOH 的体积（V_{HCl}）。
③ $NaOH + HCl \rightleftharpoons NaCl + H_2O$ 的反应热（ΔH）。
④ NaOH 的准确浓度。

实验指导

　　1. 控制滴定速度，特别是接近终点时，速度一定要慢。

　　2. 酸碱的浓度不宜太大，否则误差较大。

　　3. 盐酸和 NaOH 都是腐蚀性物质，注意做好防护。

　　4. 搅拌过程速率一定要适中，不能碰撞传感器。

5. 不慎将 NaOH 溶液或盐酸与皮肤接触,应立即用大量自来水冲洗。

实验拓展

1. 知识拓展

酸碱中和反应是一类非常重要的化学反应,它在工农业生产、日常生活中被广泛应用。

(1)日常生活

① 胃酸过多的人可以吃苏打片、苏打饼干等碱性的食品。

② 被蚊虫叮咬时,可以用碱性肥皂水消肿,因为昆虫唾液含酸性物质。

③ 蔬菜多为碱性食品,肉类等为酸性食品,所以饮食应该均衡,不要偏食。

④ 吃完东西,残留在口中的食物会使口腔呈弱酸性,因此需用带有弱碱性的牙膏刷牙。

⑤ 煮排骨汤时加点醋,可分解排骨中的钙质。

⑥ 可以用醋来清洗热水瓶中的水垢。

⑦ 不可用醋或酸性溶液来洗涤大理石地板或家具。

⑧ 洗碗筷的清洁剂大都是碱性的,因为这样才容易除油污。

(2)酸雨 酸雨是来自人类活动,如工厂和汽车排放的粒状污染物,遇到空气中的水蒸气,水蒸气冷却并附着在固体颗粒上,形成雨、雪、雾等降水形态,均称为酸雨。

酸雨对水域生态、森林、河川、建筑物和人体的健康都有相当的影响。预防和控制酸雨的方法主要是:限制煤的燃烧和交通工具所排放的污染物。

酸化的土壤可洒石灰粉后再耕种。

2. 运用拓展

(1)用已知浓度(标准溶液)的盐酸滴定未知浓度的 NaOH 溶液,求 NaOH 的浓度。

(2)探究增加溶液中水的量对反应的影响。

(3)探究环境温度变化对反应的影响。

(4)探究不同类型的酸碱反应。

(5)设计用普通 pH 计跟踪中和反应过程。

实验思考

1. 根据数据判断中和反应是放热反应还是吸热反应?

2. 若用乙酸滴定氢氧化钠,结果怎样?

3. 影响反应的因素有哪些? 它们是怎样影响的?

4. 如果滴定速率不均匀,对反应观察有何影响?

7.4 化学平衡常数测定

实验目的

1. 掌握色度计的使用方法。
2. 利用色度法探究影响化学平衡常数的主要因素。

实验原理

化学反应：

$$Fe^{3+}(aq) + SCN^-(aq) \longrightarrow FeSCN^{2+}(aq)$$

其平衡常数：

$$K_c = \frac{[FeSCN^{2+}(aq)]}{[Fe^{3+}(aq)][SCN^-(aq)]}$$

要想确定 K_c，就必须确定反应物和生成物的浓度。反应物、生成物浓度的确定方法要视反应物、生成物的性质而定。在化学方程式中，络合铁离子 $FeSCN^{2+}$ 吸收蓝光后，溶液的颜色为红色，因而可以选择分光光度法。

通过对比已知标准 $FeSCN^{2+}$ 溶液的浓度[在蓝色波段（波长）内用色度计测定]，测定它在混合液中的浓度。Fe^{3+} 的浓度控制在测试溶液浓度的 100 倍左右，为过量反应物。SCN^- 的浓度与 Fe^{3+} 的浓度相比，Fe^{3+} 过量，因而可以近似认为在反应过程中 SCN^- 全部生成了 $FeSCN^{2+}$。

根据朗伯比尔定律：

$$A = k \cdot b \cdot c$$

已知组分的浓度，可以计算出溶液其他组分的浓度。

仪器试剂

仪器：色度计、数据采集器、移液管、比色皿、温度计。
试剂：KSCN、Fe(NO₃)₃。

实验步骤

1. 取四支试管，编号。
2. 在每支试管中分别移入 5 mL 的 0.002 mol·L⁻¹ 的 Fe(NO₃)₃ 的溶液。
3. 按顺序分别在上述四支试管中移入 2 mL、3 mL、4 mL、5 mL 的 0.002 mol·L⁻¹

KSCN 溶液,并分别加去离子水 3 mL、2 mL、1 mL、0 mL(具体配比见表 7-3)。混合均匀,待用。

表 7-3　溶液配置方案

试管	$0.002\ mol \cdot L^{-1}\ Fe(NO_3)_3$/mL	$0.002\ mol \cdot L^{-1}\ KSCN$/mL	H_2O/mL
1	5	2	3
2	5	3	2
3	5	4	1
4	5	5	0

4. 将数据采集器连接到计算机上。

5. 将色度计连接到数据采集器上。

6. 启动数据采集器。

7. 设置实验参数:采集速率,手动;采集总数,5。

8. 用温度计测量并记录已准备好的一支试管中液体温度。

9. 标准实验准备:移 9 mL 0.2 mol · L^{-1} Fe(NO$_3$)$_3$ 溶液到第 5 支试管,加 1 mL 0.002 mol · L^{-1} KSCN 溶液混匀待用。

10. 校准色度计(根据色度计说明来校对)。

11. 把色度计的单色光旋钮拨到 Blue(γ=470 mm)。

12. 开始采集数据。

13. 依次测定 4 个试样和一个标准样,并记录数据,见表 7-4。

表 7-4　实验数据记录

实验温度(　　)℃　　　　　　　　　　　　　　　　　　　　实验波长(　　)nm

序号	吸光度(A)	$[FeSCN^{2+}]/(mol \cdot L^{-1})$	$[Fe^{3+}]/(mol \cdot L^{-1})$	$[SCN^-]/(mol \cdot L^{-1})$

🔍 **实验指导**

(1) 数据分析与处理

$[Fe^{3+}]_{初始}=(V_{Fe(NO_3)_3}/V_{总})\times 0.002\ mol \cdot L^{-1}=[Fe^{3+}]_i$

$[SCN^-]_i=(V_{KSCN}/V_{总})\times 0.002\ mol \cdot L^{-1}$

$[FeSCN^{2+}]_{标准}=0.002\ mol \cdot L^{-1}$

$[FeSCN^{2+}]_{eq}=(A_{eq}/A_{标准})\times [FeSCN^{2+}]$

$[Fe^{3+}]_{eq}=[Fe^{3+}]_i-[FeSCN^{2+}]_{eq}$

$[SCN^-]_{eq}=[SCN^-]_i-[FeSCN^{2+}]_{eq}$

$$K=[FeSCN^{2+}]_{eq}/[Fe^{3+}]_{eq}[SCN^-]_{eq}$$

式中，A 表示吸光度，eq 表示平衡状态，i 表示实验序号。

（2）标准溶液的准确度对测量结果有较大影响，因此，配制时一定要准确。

（3）色度计要校对，否则影响实验结果。

（4）硝酸具有强酸性和腐蚀性，实验时要防止与皮肤接触。

（5）硫氰酸钾有毒，切忌口服。

（6）实验过程要做好安全防护工作。

实验拓展

1. 利用本实验装置及原理还可以测定络合物的组成，请你设计一个具体的方案。

2. K 还可用什么方法测量？请写出操作方案。

实验思考

1. 不同序号的 K 是否相同？为什么？

2. 这个反应的 K 是多少，如何计算？

3. 为什么要用 $1\ mol \cdot L^{-1}$ 的 HNO_3 配制 $Fe(NO_3)_3$ 溶液，若要通过测量试管中溶液的络合程度来计算，计算时还需要其他什么条件？

7.5　原电池与水果电池

实验目的

1. 掌握电流传感器、电压传感器的使用方法以及计算机的连接方式，对基本操作能有一定的了解。

2. 学会在计算机上读数和分析相关图像，了解原电池的基本原理。

实验原理

原电池的工作原理：由于电解质溶液的导电、电子的得失以及在导线中不断游动而形成闭合电路。"水果电池"取材方便，贴近生活，容易吸引学生的注意力，能激发学生的学习兴趣和创造力。水果电池之所以能够发电，是因为水果中含有丰富的果酸，果酸是一种电解质，可以导电，故与金属电极相连接，可以组成原电池。水果电池一般产生的电压都较小，实验采用电压传感器采集数据，即使很微弱的电压也可以采集到。借助手持技术,通过对多种原电池以及水果电池的探究,可以得到一些数据及图像,从而对其影响因素进行分析,能够得到比较精确的结果。

仪器试剂

仪器:电流传感器、电压传感器、数据采集器及相关配套计算机软件、计算机、LED 灯泡。

试剂:铜片、铝片、镁片、硫酸铜溶液、橘子、西红柿、橙子。

实验步骤

1. 连接好实验装置,把计算机、数据采集器及电流、电压传感器连接好,打开计算机,进入实验系统。选择"通用软件",系统会自行识别采集器端所连接的传感器,并显示所测到的数值。

2. 在烧杯中加入适量的 1 mol/L 的硫酸铜溶液,将铜片、铝片置于硫酸铜溶液中,连接电流、电压传感器进行实验,记录曲线变化。

3. 再将铝片分别换成镁片、锌片,重复的步骤 2。

4. 将铜片、铝片分别插入西红柿、橘子以及橙子等不同水果中,观察每个水果电池的曲线变化。

5. 再将铝片分别换成镁片、锌片,重复的步骤 4。

6. 再将硫酸铜溶液及各种水果制成的原电池连接 LED 灯泡,观察灯泡的亮度,并观察每个电池的曲线变化。

实验指导

1. 进行实验时,一定要保证形成闭合回路。

2. 选用装置时,应尽量缩短两极间的距离。

3. 实验中除可以用 LED 灯之外,还可选择较常见的音乐卡片、导线圈与磁铁等,其演示效果比使用检流计更生动、直观。

实验拓展

1. 不同电极与水果组成的水果电池

表 7-5 不同电极条件对水果电池的影响

水果	电压/V	
	铜镁电极	铜锌电极
苹果	1.61	0.93
梨	1.42	0.83
橙子	1.61	0.88
柠檬	1.81	1.81
番茄	1.61	0.88

通过表 7-5 的实验数据可以看出,实验制备的水果电池都可以发电,但是不同水果组成的水果电池产生的电压不同,这主要是因为不同水果的果酸含量不同,果酸含量丰富的水果组成的水果电池产生的电压较大。

不同电极材料组成的水果电池产生的电压也不相同,在不同电极材料与同一水果组成的水果电池中,在正极相同的情况下,负极材料越活泼的,所组成的水果电池产生的电压越大。也就是说,正、负极材料的活泼性相差越大,其组成的水果电池产生的电压越大。

2. 电极间距的影响

表 7-6　电极间距对水果电池的影响

水果	电压/V	
	间距 4 cm	间距 5 cm
苹果	1.61	1.61
梨	1.51	1.42
橙子	1.61	1.47
柠檬	1.81	1.76
番茄	1.61	1.51

实验以 Cu、Mg 电极为例,分别测量在其他条件不变的情况下,两电极间距为 4 cm、5 cm 时的电压。

通过表 7-6 的数据可以看出两电极之间的间距不同,其所组成的水果电池产生的电压也不同。在其他条件相同的情况下,两电极之间间距越大,其所组成的水果电池产生的电压越小,这是因为电极间的距离越大,电流在整个回路中的运行距离越长,所产生的电阻也就越大。而由于水果电池产生的电压较小,所以电极间距给实验效果带来的影响较为明显。因此,在确保两电极不接触的前提下,使它们之间的距离尽可能小,这样所组成的水果电池产生的电压也就越大。

3. 电极插入深度的影响

实验以 Cu、Mg 电极为例,分别测量在其他条件不变的情况下,两电极插入水果内部的深度 2 cm、3 cm 时的电压。

表 7-7　电极插入深度对水果电池的影响

水果	电压/V	
	插入 2 cm	插入 3 cm
苹果	1.61	1.61
梨	1.51	1.51
橙子	1.61	1.61
柠檬	1.81	1.79
番茄	1.61	1.61

通过表 7-7 的实验数据可以看出，两电极插入水果内的深度不同，其所组成的水果电池产生的电压并没有不同，这是因为水果中的导电的主要成分是果酸，不论电极插入水果内的深度有什么不同，电流在回路中运行的距离并没有发生明显的变化，所以产生的电压也没有明显的不同。

4. 电池连接方式的影响

表 7-8　电池连接方式对水果电池的影响

水果	电压/V	
	串联	并联
苹果	1.76	2.39
梨	1.37	1.86
橙子	1.71	2.24
柠檬	1.91	3.03
番茄	1.71	2.29

实验以 Cu、Mg 电极为例，分别将 2 个同种类的水果进行串联和并联，研究电池连接方式对水果电池的影响，从表 7-8 的数据可以看出，同一种水果进行串联时，其产生的电压会变大，但并不是成倍增加的，这是因为将 2 个水果电池串联，总电压虽然增大，但总电阻也相应增大；而同一种水果进行并联时，电路中的总电阻减小，所以电压会增大。

🔍 实验结论

通过实验探究找到了制备水果电池的最佳条件：含果酸丰富的水果，两电极之间的金属活泼性相差越大，两电极间距离越小，其组成的水果电池效果越好，串联或并联都有利于增大水果电池的电压，但都不是成倍增加的。水果电池利用生活中常见的东西进行实验，有利于学生更好地参与和融入实验，充分体现了新课标提倡的生活化的教学特点，且实验不需要化学试剂，非常环保，也在无形中培养了学生的环保意识。

🔍 实验思考

1. 分析总结本实验成功的关键操作。
2. 请结合本实验对各种原电池性能等方面做比较说明。

7.6 浓度对弱电解质电离度的影响

实验目的

1. 练习 pH 传感器的正确使用方法。
2. 了解浓度对弱电解质电离度的影响规律。

实验原理

弱电解质与强电解质的区别在于弱电解质在水溶液中的不完全电离。在教学过程中,由于对电离度缺乏比较直观的实验验证,因此,对学生的学习造成了较大的困难。传感技术——pH 传感器在化学中的应用,使传统上不易解决的问题得以解决。本实验就是利用 pH 传感器检测不同浓度乙酸的 pH 变化,通过变化曲线直接观察电离度的变化,从而使学生加深对电离度的理解。

弱电解质是指在溶液中或熔融状态下只能部分发生电离的物质,如 CH_3COOH、$NH_3 \cdot H_2O$ 等。弱电解质的一个重要特性就是不能完全电离,只能部分电离,通常用电离度来表示弱电解质的电离程度大小。

$$电离度(\alpha) = 已电离分子数/分子总数 \times 100\%$$

对于 CH_3COOH 来讲:

$$H_2O(l) + CH_3COOH = H_3O^+(aq) + CH_3COO^-(aq)$$

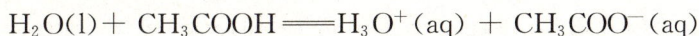

$$K(CH_3COOH) = \frac{c\alpha^2}{1-\alpha}$$

$$\alpha = \sqrt{\frac{K(CH_3COOH)}{c}}$$

式中:α——电离度;

$K(CH_3COOH)$——乙酸的解离常数;

c——CH_3COOH 的浓度。

pH 传感器通过测量 pH 电极和参比电极、被测溶液所组成的电池的电动势,间接测量 pH 电极的电位,从而得到溶液中的 $[H^+]$。本实验是通过 pH 传感器监测不同浓度的乙酸中 $[H^+]$,从而计算出不同浓度乙酸溶液的电离度,探究浓度对电离度的影响。

仪器试剂

仪器:数据采集器、pH 传感器、电磁搅拌器、烧杯、量筒、容量瓶。

试剂：冰乙酸晶体（分析纯）、pH＝6.86 混合磷酸盐。

🔍 **实验步骤**

1. 0.5 mol·L^{-1}CH$_3$COOH 溶液配制。称取 8.4 g 冰乙酸溶于水，转移到 200 mL 容量瓶中，加去离子水稀释至刻度，得 0.5 mol·L^{-1}CH$_3$COOH 溶液。

2. pH＝6.86 混合磷酸盐缓冲溶液配制。将 pH＝6.86 混合磷酸盐一小包溶于去离子水，转移至 250 mL 容量瓶中，加去离子水稀释至刻度，即为 pH＝6.86 的标准缓冲溶液。

3. 将数据采集器与计算机连接。

4. 将 pH 传感器与数据采集器连接。

5. 启动数据采集器，设置参数。

6. 启动磁力搅拌器，用 pH＝6.86 的标准缓冲溶液校对 pH 传感器。

7. 用量筒量取 100 mL 去离子水，注入 250 mL 烧杯中，放置到磁力搅拌器上，放入 pH 传感器，搅拌。

8. 当数据采集器数稳定后，用 1 mL 移液管移取 0.20 mL、0.5 mol·L^{-1}乙酸溶液注入烧杯。观察并记录数据变化。

9. 重复步骤 8，直至烧杯中 CH$_3$COOH 的浓度达到 0.01 mol·L^{-1}。

10. 停止数据收集。

11. 数据分析与处理。

（1）乙酸的电离度与浓度的变化如何？

（2）绘制变化曲线。

🔍 **实验拓展**

根据"同性离子相互排斥，异性离子相互吸引"的原理，离子之间要产生缔合作用。当电荷相反的离子接近到一定距离时，它们之间的静电吸引势能会远远大于热运动动能，则在溶液中形成离子缔合体。这种离子缔合体可以是由两个电荷相同的异性离子组成的离子对，也可以是由三个离子或更多个离子缔合而成的离子簇团，由于离子在溶液中不停地运动，一些离子缔合体存在的时间可能是短暂的，在溶液中每一个瞬间都有许多离子缔合，同时又有许多缔合体分解，从统计的观点来看，溶液中总是有一定数量的离子缔合体存在。缔合体是靠静电力形成，它和靠化学键形成的分子是不同的，显然电荷数大的离子在相对介电常数小的溶剂中离子间静电力较大，因而离子缔合的可能性也就大些。由于缔合体作为一个整体在溶液中存在和运动，所以，在一定浓度的电解质溶液中，并非每个离子都能独立运动。对于强电解质而言，在溶液中虽然完全离子化，但并非完全解离，离子的这种缔合作用显然会影响与离子数量有关的电解质溶液的性质。

在电解质水溶液中，离子和水分子之间也会发生相互作用，这种作用称为离子的水化作用，如果是泛指一般的溶剂，则称为溶剂化作用。离子发生水化作用时，一些极性水分子在离子周围取向,与离子紧密结合,形成水化离子。水分子被束缚在离子周围的溶剂化层内,不能独立移动,只能与离子一起移动,使游离的水分子数量减少,相当于离子实际浓度增大。当溶液很稀时,由于水分子数量远远大于离子数,几乎所有水分子都是自由的,故水化作用对浓度的影响较小。但随着浓度的增大,自由水分子所占比率越来越少,其影响也越来越大。

离子与水分子间的作用力在两者之间的距离超过几纳米时,已可忽略不计,因此离子周围存在着一个对水分子有明显电场作用的空间,在这个空间内含有的水分子数称为离子水化数。紧靠着离子的第一层水分子与离子结合得比较牢固,它们基本上能与离子一起移动,不受温度的影响,这部分水化作用称为原水化或化学水化。它所包含的水分子数目称为原水化数,第一层以外的部分水分子也受到离子的吸引作用,使这部分水分子之间原有的结构状态发生改变。与离子的联系比较松散的这部分水化作用,叫作二级水化或物理水化。温度对它的影响很大,这部分水分子不与离子一起移动。测定原水化数的方法有多种,但所得结果很不一致,例如,Na^+ 的水化数可由 2 到 7,这是因为各种方法测出的水化数,实际上都是原水化数加上部分二级水化数,而每种方法中所包括进去的多少又各有不同。不过,在充分考虑了离子与水分子的各种相互作用能之后,可以通过统计学方法,比较可靠地计算出离子水化数。实际上,离子水化数只代表与离子相结合的水分子的有效数目,离子水化的一般规律是:离子半径越小,或所带的电荷越大,则离子表面的静电势能就越高,离子的水化作用也就越强,水化数也就越大。

实验思考

1. 实验中为了简化计算,在加入 $0.5\ mol\cdot L^{-1}\ CH_3COOH$ 过程中,始终认为溶液总体积不变,这会不会给实验结果造成影响? 为什么?

2. 弱电解质电离度除受浓度影响外还有什么因素可以影响电离度?

7.7 不同水体中溶解氧的测定

实验目的

1. 测定不同水体(污染程度不同的水质)中的溶解氧,探究污染程度对溶解氧的影响。

2. 探究不同水温对溶解氧的影响。

实验原理

溶解氧传感器的末端是一层氧气选择性较高的高分子半透膜。半透膜与阴极(Ag)紧贴,样品中的氧通过高分子半透膜在阴极发生:

$$O_2 + 4H^+ + 4e^- \Longrightarrow 2H_2O$$

氧气在阴极反应,从而在阴极附近造成一个氧分压为"0"的点(近似无氧)。由于氧通过半透膜向阴极扩散速率有一定的控制比例,因此通过两极的电流大小就跟所测定的溶解氧成比例关系。

根据上述溶解氧测定原理,即在测定过程中本身要消耗水中的溶解氧(电极反应),因此测定过程不能直接测定静止水样中的溶解氧。

流水(江、河)中的溶解氧均匀稳定,消耗的氧可以得到及时补充,可以直接测定;静水(湖、池)中的溶解氧可移动传感器来测定。

仪器试剂

仪器:溶解氧传感器、数据采集器、温度传感器。

实验步骤

1. 首先选择不同污染程度的河或湖水作为测定对象(一个流动水样、一个静止水样)。污染程度的确定可用化学方法测定,也可根据政府环保部门公示的参数确定。

2. 将数据采集器与计算机连接。

3. 将溶解氧传感器与数据采集器连接,端口为1;将温度传感器与数据采集器连接,端口为2。

4. 启动数据采集器。

5. 设置实验参数:采样速率,$1s^{-1}$;采样总数,500。

6. 分别测定不同水样的溶解氧。要求:① 8~9 点、12~13 点、17~18 点分别测样;② 每一个水样应在三个不同地点测定。

7. 测定自来水中溶解氧,要求同步骤6。

8. 绘制溶解氧随温度变化曲线。

9. 比较不同水样溶解氧的大小,分析原因。

实验指导

1. 影响溶解氧大小的主要因素有:

温度:在开放体系中,溶解氧随温度的上升而下降。

水质:污染程度越严重,溶解氧就越低。

气候:冬天或早上溶解氧相对较低,夏天或中午时溶解氧相对较高。

环境:水体中藻类植物越多,溶解氧就越高,因此测定数据时一定要做到相同条件,否则没有可比性。

在测定时,应根据水体的具体情况,选择测样点,以免产生误差。

2. 测定时传感器一定要插入水中,否则数据误差较大。

3. 选择测定位置时一定要注意安全。

🔍 实验拓展

当水样中加入硫酸锰和碱性碘化钾时,水中的溶解氧将低价锰氧化成高价锰,生成四价锰的氢氧化物棕色沉淀。加酸后,氢氧化物沉淀溶解,并与碘离子反应而释放出游离碘。以淀粉为指示剂,用硫代硫酸钠标准溶液滴定释放出的碘,根据滴定溶液消耗量计算溶解氧含量。溶解氧的化学测定法具体步骤为:

1. 溶解氧的固定:用移液管插入溶解氧瓶的液面下,加入 1 mL 硫酸锰溶液(480 g $MnSO_4 \cdot 4H_2O$ 溶于水,用水稀释至 1 L),2 mL 碱性碘化钾溶液(称取 500 g 氢氧化钠溶解于 300～400 mL 水中;另称取 150 g 碘化钾溶于 200 mL 水中,待氢氧化钠溶液冷却后,将两溶液合并,混匀,用水稀释至 1 L),盖好瓶塞,颠倒混合数次,静置。一般在取样现场固定。

2. 打开瓶塞,立即用移液管插入液面下加入 2.0 mL 硫酸溶液(1∶5)。盖好瓶塞,颠倒混合摇匀,至沉淀物全部溶解,放于暗处静置 5 分钟。

3. 吸取 100.00 mL 上述溶液与 250 mL 锥形瓶中,用硫代硫酸钠标准溶液滴定至溶液呈淡黄色,加入 1 mL 淀粉溶液,继续滴定至蓝色刚好褪去,计算硫代硫酸钠溶液用量。

🔍 实验思考

1. 根据本实验的原理和方法,对自己生活周围的江、河、湖、池水体进行溶解氧调查,写出调查报告。

2. 比较化学需氧量(COD)与生化需氧量(BOD)两个概念的差异。

7.8 自来水中余氯的测定

🔍 实验目的

1. 巩固色度计的使用方法。

2. 用分光光度法测定自来水中的余氯。

3. 探究自来水中余氯含量的影响因素。

实验原理

如果单纯测定氯离子含量用标准 $AgNO_3$ 溶液滴定,以 K_2CrO_4 为指示剂,当反应出现砖红色,说明滴定已到终点。

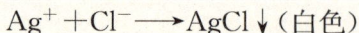

$$Ag^+ + Cl^- \longrightarrow AgCl\downarrow(白色)$$

$$2Ag^+ + CrO_4{}^{2-} \longrightarrow Ag_2CrO_4(砖红色)$$

记录 $AgNO_3$ 用量即可求出氯离子的含量。

对于自来水中总余氯的测定本实验采用的方法是:首先用邻联苯甲胺与余氯反应,生成黄色的化合物,然后根据朗伯-比尔定律,测定余氯含量。

物质对光的吸收与其浓度呈线性关系。物质所具有的颜色就是它吸收其互补光后所呈现的颜色。色度计传感器是一种测量某种波长的光穿过溶液透射率的仪器,利用色度计测定物质的浓度时,测定已知浓度溶液的吸光度,绘制吸光度—浓度的标准曲线(亦称工作曲线),然后测定未知样的吸光度,在工作曲线上求出未知样的浓度。

仪器试剂

仪器:数据采集器、色度传感器、比色皿、电子天平、容量瓶、移液管。

试剂:重铬酸钾、铬酸钾、混合磷酸盐缓冲溶液、邻联苯甲胺。

实验步骤

1. 磷酸盐缓冲溶液配制 若有成品的混合磷酸盐缓冲溶液试剂,可按规定配制(pH = 6.86,25℃);若没有可按下列方法配制:

先将无水磷酸氢钠(Na_2HPO_4)和无水磷酸二氢钾(KH_2PO_4)置于 105℃烘箱内烘 1~2 h,冷却至室温后分别称取 22.86 g 和 46.14 g,共溶于去离子水中,稀释至 1000 mL,静置数天后过滤,并吸取上述溶液 200 mL,再加去离子水稀释至 1000 mL,得 pH = 6.45 的磷酸盐缓冲溶液,备用。

2. 甲胺溶液的配制 称取 1.35 g 二盐酸邻联苯甲胺,溶于 500 mL 去离子水中,在不断搅拌下,将此溶液加至 150 mL 浓盐酸与 350 mL 去离子水的混合液中,盛于棕色瓶中,室温保存(当温度低于 0℃时,邻联苯甲胺将析出,不易再溶解)备用。

3. 永久性余氯比色液的配制 称取干燥的重铬酸钾 0.1550 g 及铬酸钾 0.4650 g,混合后用混合磷酸盐缓冲溶液溶解并稀释至 1000 mL,此溶液所产生的颜色相当于 1 mg·L^{-1} 余氯与邻联苯甲胺所产生的颜色。再按表 7-9 分别量取 $K_2Cr_2O_7 - K_2CrO_4$ 溶液分别注入 50 mL 具塞奈式比色管中,用磷酸盐混合溶液稀释至 50mL,即得系列永久性余氯比色溶液(见表 7-9)。

表 7-9　永久性余氯比色溶液配制

余氯/$(mg \cdot L^{-1})$	$K_2Cr_2O_7 - K_2CrO_4$ 溶液/mL	余氯/$(mg \cdot L^{-1})$	$K_2Cr_2O_7 - K_2CrO_4$ 溶液/mL
0.01	0.50	0.50	25.0
0.05	2.50	0.80	44.0
0.20	10.0	1.00	50.0

4. 将数据采集器与计算机连接。

5. 将色度传感器与数据采集器连接。

6. 启动数据采集器。

7. 设置参数：采样速率；1 s^{-1}；采集方式，手动。

8. 按操作程序校对传感器。

9. 标准工作曲线绘制：依次对表 7-9 的各种溶液测定，绘制吸光度－浓度标准曲线。

10. 余氯含量测定。将 2.5 mL 邻联苯甲胺溶液与 50 mL 澄清水样混合均匀，静止 10 min 以上，然后注入比色皿，测定其吸光度。

11. 绘制标准工作曲线。

12. 求算未知水样中的总余氯。

🔍 实验指导

1. 显示时间以大于 10 min 为宜，这是因为当水样与邻联苯甲胺接触后立即进行显色，测得的是游离余氯。

2. 氯浓度较高时，会变成橘黄色；若水样中碱性较强而余氯浓度较低时，将变成淡绿色和淡蓝色；遇到上述情况可多加 1 mL 邻联苯甲胺溶液，颜色即可变正常。

3. 实验过程中，应保持相同条件，包括比色皿，这样才能保证测量数据的正确性。

🔍 实验拓展

余氯测定除了上述方法外，还可用 DPD 法，该法适用于测定生活饮用水、水源水、废水及海水的游离余氯、总余氯及化合性余氯，最高检测浓度为 4.5 mg $\cdot L^{-1}$ 有效氯。

原理：水样中不含碘化合物离子时，游离性的有效氯立即与 DPD 试剂反应显红色，加入碘离子则起催化作用，使化合氯也与试剂反应显色。分别测定其吸光度，得游离氯与总氯，总氯减去游离氯得化合氯。

标准曲线绘制：吸取 0 mL、0.1 mL、0.5 mL、2.0 mL、4.0 mL、8.0 mL 氯标准使用液（1 $\mu g \cdot mL^{-1}$）置于六支 10 mL 具塞比色管中，用不含氯的水稀释至刻度。各加入 0.5 mL 磷酸盐缓冲液（pH＝6.5），0.5 mL 的 1 $g \cdot L^{-1}$DPD 溶液混匀，置于波长 515 nm、1 cm 比色皿中，以纯水为参比，测定吸光度，绘制标准曲线。

吸取 10 mL 水样置于 10 mL 比色管中，加入 0.5 mL 磷酸盐缓冲溶液，0.5 mL 的 1 $g \cdot L^{-1}$DPD 溶液，混匀，置于波长 515 nm、1 cm 比色皿中，以纯水为参比，测定吸光度，

记录读数为 A，同时测量样品空白值，在读数中扣除。

继续向上述试管中加入一粒碘化钾晶体（约 0.1 g），混匀后，再测量吸光度，记录读数为 B。

再向上述试管中加入一粒碘化钾晶体（约 0.1 g），混匀，2 min 后，测量吸光度，记录读数为 C。

另取两支 10 mL 比色管，取 10 mL 水样于其中一支比色管中，然后加入一粒碘化钾晶体（约 0.1 g），混匀，于第二支比色管中加入 0.5 mL 缓冲溶液和 0.5 mL 的 1 g·L^{-1} DPD 溶液，然后将此混合液倒入第一支比色管中，混匀，测量吸光度，记录读数为 N。

数据处理：游离余氯和各种氯胺，根据存在的情况列于表 7-10 中。

表 7-10　游离余氯和各种氯胺的数据表

读数	不含三氯胺的水样	含三氯胺的水样
A	游离余氯	游离余氯
$B-A$	一氯胺	一氯胺
$C-B$	二氯胺	二氯胺＋50％三氯胺
N	—	游离余氯＋50％三氯胺
$2(N-A)$	—	三氯胺
$C-N$	—	二氯胺

根据上述读数，从标准曲线查出水样中游离余氯和各种化合余氯的含量，按照下式计算水样中余氯的含量：

$$\rho_{(Cl_2)} = m/V$$

式中：$\rho_{(Cl_2)}$——水样中余氯的质量浓度，mg·L^{-1}；

　　　m——从标准曲线上查得余氯的质量，μg；

　　　V——水的体积，mL。

🔍 实验思考

1. 试阐述朗伯-比尔定律的使用条件。
2. 查阅相关资料，讨论自来水中余氯的测定方法。

7.9　多媒体教室二氧化碳含量的测定实验研究

🔍 实验目的

1. 练习二氧化碳传感器的正确使用方法。

2. 了解教室中二氧化碳含量对师生健康的影响。

实验原理

二氧化碳是无色、无臭的气体,高浓度时略带酸味,在空气中二氧化碳约占总体积的0.03%,比重1.524,能溶于水。它每时每刻都存在于空气中,围绕在我们身边,人在生命活动中需要消耗氧气,呼出二氧化碳。在多媒体教室上课时,由于学生人数多,空气流通情况往往较差,二氧化碳浓度会有一定的变化。正常情况下吸入一定量的二氧化碳对人体是无害的,可是当它在我们身边的含量过高时,对我们会有什么影响呢? 若教室中的二氧化碳含量过高时,会不会影响我们的正常教学和学习活动呢?

这些都是我们比较感兴趣的研究性课题。

仪器试剂

仪器:实验仪器 Fourive 数据采集器 2 个,二氧化碳气体传感器 2 个,数据线 2 条。

实验步骤

1. 选定一个可以容纳百人并且全天有同学上课的多媒体教室。

2. 在关闭门窗上课的条件下,测量选定的多媒体教室内上课前和上课后的二氧化碳含量的变化。测量时间分别选择以下几个点:

上午:上课前;两节课后;4 节课后。

下午:上课前;两节课后。

晚上:上课前;下课后。

3. 在同一个多媒体教室中,打开门窗上课的情况下,测量上课前和上课后的二氧化碳含量的变化。测量时间同上。

4. 整理实验数据,分析实验结果。

实验指导

1. 实验前应与上课的师生协商好,说明实验的意图,征得他们同意关闭门窗或打开门窗。

2. 二氧化碳气体传感器应放在教室中部,以使测得的数据具有代表性。

实验拓展

二氧化碳作为空气中不可缺少的组成成分,在自然界的循环中起着重要的作用。二氧化碳本身没有毒性,但当空气中的二氧化碳超过正常含量时,对人体会产生有害的影响。人多的封闭环境中二氧化碳的含量往往会高于正常值,如多媒体教室中就很容易发生二氧化碳含量高于正常值的情况。二氧化碳对人体的危害最主要的是刺激人的呼吸中枢,导致呼吸急促,并且会引起头痛、神智不清等症状。二氧化碳在新鲜空气中含量约为0.03%,人生活在这样的空间内,不会受到危害。如果室内聚集着很多人,而且空气不流通,或者室内有煤气、液化石油气及煤火炉燃烧,使空气中氧气含量相对减少,产生大量二氧化碳,室内人员就会出现不同程度的中毒症状。关于二氧化碳在室内空气中最大允许含量,各国尚无统一规定,日本规定室内空气中二氧化碳含量为0.15%时为换气标准。根据相关资料,空气中CO_2的含量与产生的相应症状如下:

CO_2含量为2.5%时,经数小时无任何症状。

CO_2含量为3.0%时,无意识地呼吸次数增加。

CO_2含量为4.0%时,出现局部刺激症状。

CO_2含量为6.0%时,呼吸量增加。

CO_2含量为8.0%时,呼吸困难。

CO_2含量为10.0%时,意识不清,不久导致死亡。

CO_2含量为20.0%时,数秒后瘫痪,心脏停止跳动。

实验思考

根据实验得到的结果,并依据中小学校教室换气标准,对多媒体教室提出你的换气建议。

参考文献:

[1] 李淑妍. 基于传感器技术的中学化学实验开发及教学应用研究[D]. 华东师范大学,2006.

[2] 李振. 基于手持技术的《水溶液中的离子平衡》教学设计[D]. 天津师范大学,2014.

[3] 徐庆君. 中学化学探究性实验中手持技术的应用[D]. 鲁东大学,2014.

[4] 汪伟,赵春辉. 多媒体教室二氧化碳含量的测定实验研究:利用手持技术的化学研究性学习案例[J]. 通化师范学院学报,2011,(12):79~80.

[5] 席艳丽. 利用手持技术对水果电池的实验探究[J]. 广州化工,2012,(17):168~169.

[6] 李锦珠. 手持技术在酸碱滴定中的应用研究[J]. 江西化工,2010,(4):75~78.

[7] 林三泰,衷明华. 基于手持技术的"中和反应反应热的测定"教学设计[J]. 江西化工,2015,(3):186~187.

[8] 邓峰,钱扬义,林耿勉. 手持技术在酸碱滴定中的应用研究[J]. 教学仪器与实验:中学版,2007,(1):12~14.

第8章

高中化学演示实验改进的探究

8.1　高中化学演示实验改进的理论概述

8.1.1　演示实验改进的基本原则

任何教育和教学都不可能毫无原则,确定以什么为原则主要应该考虑学科特点和教学目标。对化学演示实验进行改进的最终目的是让它的示范作用更明显、学习知识的方式更直观、学习能力和素养得到更大的发展。为了达到这一目标,就要遵循下列基本原则。

1. 科学性原则

演示实验改进中,必须遵循"演示实验自身的科学性,设计科学的实验操作方案、合理的实验装置,规范地进行实验操作"。该条原则是首要的,是实验改进成功的重要标准。不能为了虚假的实验现象而使操作失真。

2. 直观性原则

不同的教学方式有不同的优势,它们可以刺激学生不同的感觉,如图片主要刺激视觉、音乐主要刺激听觉等,化学实验无疑在视觉上对学生的刺激比较大。这就必须遵循直观性原则,这样能让所有学生明显地看出反应的结果,才能帮助推导出实验的结论。

3. 简约性原则

教师在实验中要尽可能地让实验器材、操作方法等不那么复杂,因为如果太复杂,学生就会觉得"眼花缭乱",就仅仅是凑凑热闹、看看笑话。只有简约的过程才更容易让学生大脑聚焦、思考集中,便于记忆,提高效率。当然,也不能一味地追求简单而忽视了科学性。

4. 绿色化原则

绿色,即环保。对演示实验进行改进时绝对不能危害健康、影响环境。如果在实验过程中必不可少会形成一些有害物质,教师也应该立即运用科学的方法将其清理,坚决不能任其泄露,置之不理,从而造成对师生身体的伤害。

5. 趣味性原则

每个人都有好奇心,处于中学阶段的学生更不例外,那些有趣的、好玩的事物自然能引起学生长时间的注意。演示实验就应该让学生觉得它充满乐趣,这可以充分加深对学生视觉和情感的刺激作用,从而激起学生主动探索的学习动机。

8.1.2 演示实验改进的基本策略

化学演示实验改进本身需要教师有积极的探索精神、灵活的头脑,它形式不限、方法不固定。但仔细研究,也可以总结出一定的策略。

1. 解决问题的策略

教师之所以会想到要改进教材中的哪个演示实验,是因为在长期的知识传授过程中积累了丰富的经验,发现了演示实验的不足之处才产生了"不改不快"的强烈愿望。也就是说,在教学中应该经常善于发现不足,善于提出问题、解决问题。例如,我们在做实验室制取氯气的实验中,最后在对装置进行拆卸时总会闻到装置中残留的氯气的气味,对教师的身体健康肯定会造成危害,那我们该如何解决这个问题,这就成了改进实验的一个课题。问题策略要求我们教师要善于发现问题,更要对问题进行分析、研究从而找到解决问题的方法。

2. 反应原理改进策略

化学反应的基本原理是顺利完成实验的重要依据,要想对演示实验中的药品、器材、操作过程进行改进,就必须大力研究实验原理。只有这样才能把握反应的核心、才能抓住实验的命脉。例如,实验室制取氯气时,教材中使用的是用 MnO_2 和浓 HCl 在加热条件下反应产生 Cl_2,考虑到此反应的原理就是用 MnO_2 在加热条件下氧化氯离子,那我们能不能用氧化性比 MnO_2 强的物质代替 MnO_2 呢?事实证明是可行的,现在我们一般都用 $KMnO_4$ 来氧化浓 HCl 制取氯气,这样改进的优点是反应快且不需加热。

3. 实验装置改进策略

"实验装置是实验的重要载体,是影响实验成功与否的又一重要因素。"因此必须对实验装置优化才能更好地达到改进的目的。优化时必须遵循:

(1)简约化。即在能成功完成实验的情况下,力求采用更少的装置、更少的药物来进行实验。

(2)集约化。即根据一定的原理和方法,运用一定的手段将多种实验放在一起来完成。这样既可以达到集中、简约的目的,又能节省空间与时间、加快教学进度。

（3）环保化。即对实验过程中产生的有害气体和污染环境的实验装置进行改进。

（4）变换输出。就是变换信息输出形式，使得实验现象更加明显、直观，观察更加方便。

4. 实验操作过程优化策略

化学教材中的很多实验操作过程复杂或者不科学，这时就需要教师对其进行改进，实现操作过程的优化。具体方法有把实验的步骤简化、把反应的现象强化等。

8.1.3　演示实验改进的基本步骤

我们所接触到的每一个高中化学演示实验虽然其研究的对象和目的都有所不同，所进行实验的步骤也有所不同，但我对其进行实验改进研究的步骤大致如下：

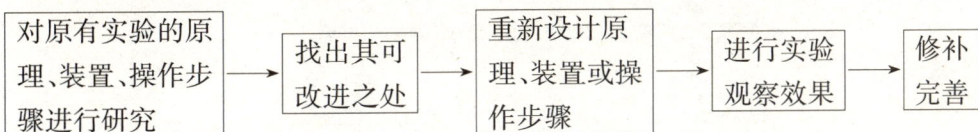

对原有实验的原理、装置、操作步骤进行研究 → 找出其可改进之处 → 重新设计原理、装置或操作步骤 → 进行实验观察效果 → 修补完善

8.2　高中化学演示实验的改进探究

8.2.1　对实验装置进行改进

一、改进教材中现有的装置，使操作更方便，现象更明显，更具有说服力

1. "钠燃烧生成过氧化钠实验"的改进

🔍 **实验原理**

$$2Na + O_2 \xrightarrow{\triangle} Na_2O_2$$

🔍 **原实验**

先取一小块金属钠，把它放置在石棉网上，再对石棉网加热，观察钠的燃烧过程并观察燃烧产物的颜色。实验装置见图 8-1。

🔍 **存在问题**

① 加热时间太长，钠不容易燃烧且容易形成钠珠滚动。

② 钠在燃烧前要先融化，而融化的钠会有一部分和石棉混在一起，不易观察产物颜色。

③ 燃烧后的产物经常有一圈黑色物质围在过氧化钠周围，不利于颜色的观察。

🔍 **改进方法**

将一小块金属钠放在一支硬质小试管里，用酒精灯对其进行加热，观察现象。实验装置见图 8-2。这样做的优点：① 加热时间短，钠很快就能燃烧。② 钠燃烧后的产物的颜色非常明显，有淡黄色固体产生，便于学生观察。

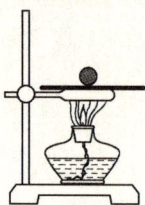

图 8-1 原实验装置   图 8-2 改进实验装置

2. "碳酸钠和碳酸氢钠热稳定性比较"实验的改进

🔍 **原实验**

在苏教版的《化学　必修 1》中有关"碳酸钠和碳酸氢钠热稳定性比较"的实验，是以探究的形式编制的，让学生自己设计实验方案，进行实验探究。在课堂上老师若要演示这个实验的话一般会采取人教版《化学　必修 1》中的实验方案，就是将两种物质分别装在两个不同的试管中分别进行加热，观察有没有产生二氧化碳气体。而笔者通过查阅资料发现对这个实验的改进，通常是把装置改成如下图 8-3 所示。

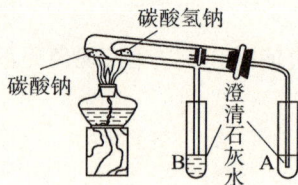

图 8-3 原实验装置

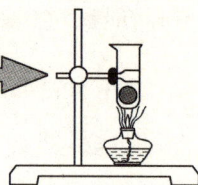

🔍 **存在问题**

这样改进看似简化了操作步骤，只需加热一次而且可以进行现象的对比。但是笔者经过实际操作发现这个装置存在以下几个问题：第一，这个装置很难组装好，大小试管的比例难以掌控，一根玻璃管要安装两个橡皮塞，这是难度较大的一个组建过程；第二，在实验过程中大试管内的小试管由于没有支撑一定会紧贴大试管,这样在加热过程中很容易因为局部受热而使小试管破裂。

🔍 **改进方法**

一是把外面的大试管改成了具支试管,二是通过烧制使得两支试管的底部和一面粘合在一起,这样就可以固定住里面的小试管。装置图如下图 8-4 所示。在这种装置中实验,成功率很高。现象非常明显,便于学生观察比较。

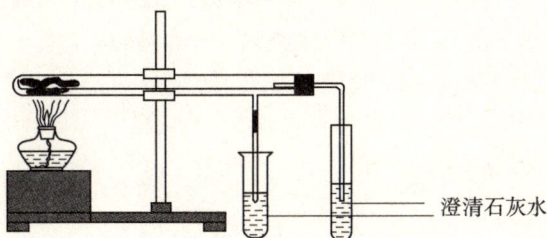

澄清石灰水

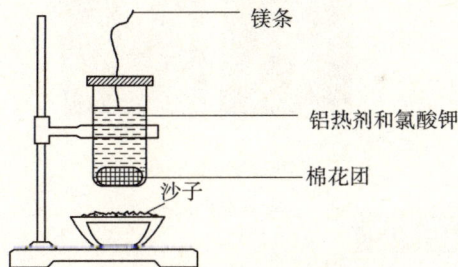

图 8-4 改进实验装置

3. "铝热反应实验"的改进

🔍 **原实验**

教材中"铝热反应实验"的装置如下图 8-5 所示。

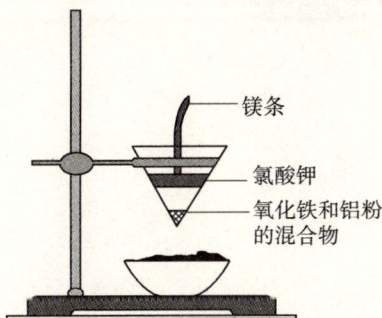

镁条
氯酸钾
氧化铁和铝粉的混合物

镁条
铝热剂和氯酸钾
棉花团
沙子

图 8-5 原实验装置   图 8-6 改进实验装置

🔍 **存在问题**

利用这套装置进行反应,现象是比较明显的,但存在的问题是:反应过于剧烈,火星四溅,对周围的学生可能会造成危险,在课堂上做完实验后,讲台上会撒有许多小铁珠和其他的一些固体颗粒,不好清理;而且烟雾也大,污染空气,不利于后面的教学。教师之所以要向学生展示这个实验,是因为我们想要告诉学生铝的还原性较强,还想让学生掌握这是一个放热反应。所以我们并不需要此反应一定要有火光四溅的危险现象的产生。

🔍 **改进方法**

笔者通过互联网查看了铝热反应的实际应用,在焊接铁轨时发现铝热反应是在一个圆柱形容器中发生的,我们可以看到反应过程中仪器的上方有火焰冒出,下方有铁水流出,但是并没有火星四溅的情况发生。我们在教室里是否也可以达到上述效果呢?所以笔者把教材中的装置用滤纸做成的漏斗改成了一段大约5厘米长的钢管,然后上面加一个带孔的螺帽。改进后的实验装置如图8-6所示。

装药品时,可以先在钢管底部塞一团棉花,然后加入适量铝热剂,再加适量氯酸钾,这时可以把带孔的螺帽旋上,最后通过螺帽孔插入一根镁条。实验时用酒精灯点燃镁条。观察到的实验现象是:能明显感到反应剧烈,有强烈的火焰从螺帽孔中冒出。有火红的铁水流出,在盛有沙子的蒸发皿中形成铁珠。我们做这个实验所要达到的目的也都达到了,而且没有了火星四溅的危险现象,同学们的观察热情也没有减退。

4.“焰色反应的实验”的改进

🔍 原实验

教材中在讲到“焰色反应”时,是这样描述的:“对玻璃棒上的铂丝(或用光洁无锈的铁丝)用酒精灯外焰进行灼烧,至火焰为无色。然后用铂丝蘸取碳酸钠溶液,在外焰上灼烧,观察火焰的颜色。然后再将铂丝用盐酸洗净后,在外焰上灼烧至没有颜色时,再蘸取碳酸钾溶液做同样的实验,此时要透过蓝色钴玻璃观察火焰的颜色。”如图8-7A所示。

钠	钾
图 8-7A 原实验装置	图 8-7B 改进实验装置

🔍 存在问题

按照这样进行实验的操作方案存在以下不足:首先,反复的蘸取盐酸进行灼烧会对空气造成污染;其次,用铂丝蘸取溶液进行焰色反应,特别是观察钾元素的颜色时现象不明显,且持续时间短,后排的同学几乎看不到。考虑到这些情况,笔者把实验做了如下改进,收到了良好的教学效果。

🔍 实验改进

药品:无水乙醇、碳酸钠粉末、碳酸钾粉末、氯化钙粉末、氯化铜粉末。
仪器:大烧杯、火柴、带把的小筛子(孔要密)。
装置如图8-7B所示。
实验操作:
① 无水酒精倒入大烧杯中,三分之一即可。然后点燃酒精。

② 将碳酸钠粉末先放在小筛子上，然后把筛子放在燃烧的酒精的上方，抖动筛子使筛子里的药品掉入到燃烧的酒精中，观察火焰的颜色。其他的盐也按同样的方法操作。

改进后的优点：首先，实验现象非常明显，持续时间也长，全班学生都能看清楚。其次，本实验没有任何污染。

5. "乙醇的催化氧化实验"的改进

🔍 **原实验**

教材中"乙醇的催化氧化实验"的操作是比较简单的，就是把螺旋状的铜丝在酒精灯火焰上灼烧，然后移开铜丝变黑，再伸入装有乙醇的试管中，铜丝又变回光亮。这样反复几次，通过闻乙醇气味的变化和氧化铜变回铜来判断发生了反应，且生成了乙醛。

🔍 **存在问题及改进**

通过闻乙醇气味的变化判断生成了乙醛。其实这样做是不严密的，化学实验中对生成物的判断一般是通过这种物质的特征反应来进行验证的。我们要证明乙醇在遇到热的氧化铜时发生了氧化还原反应并且有乙醛和水生成，那我们就应该验证产物中是否有水和乙醛生成。水一般用无水硫酸铜检验，乙醛一般用新制氢氧化铜检验。所以此实验的装置作了如图 8-8 的设计。

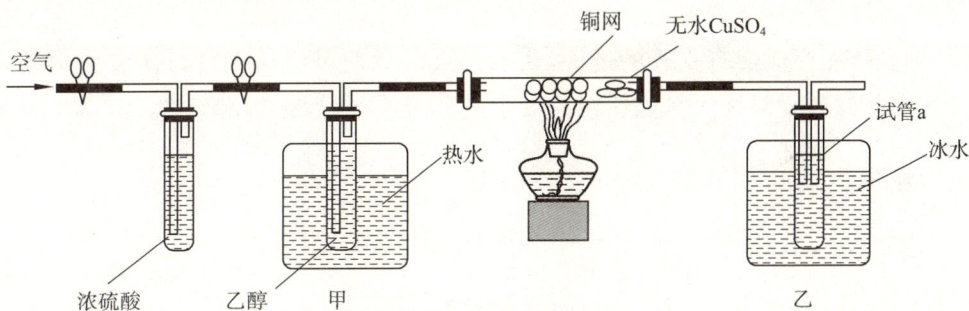

图 8-8　改进实验装置

改进后的这个实验装置，虽然比书中要复杂得多，但是它可以准确地检验出生成的产物。试管 a 中装的是新制的氢氧化铜悬浊液。实验过程中我们可以看到铜丝在变黑和变亮之间反复交替，无水硫酸铜渐渐变蓝，说明有水生成。最后取出试管 a，放在酒精灯上加热，会看到有砖红色沉淀生成。说明有乙醛生成。

二、改进教材中现有的实验装置，使实验结果绿色环保

教材中涉及的产生有毒气体的几个实验，其实都没有完全做到绿色环保。如果完全使用教材本的实验装置进行操作，实验完成时装置里还会存有有害气体，这些气体不容易消除，教师在处理时就会在身体方面受到较大的危害。下面结合具体实例谈谈对这种实验的改进思路。

1. "实验室制备氯气实验"的改进

◎ 原实验

教材中"实验室制备氯气"的装置如下图 8-9 所示。

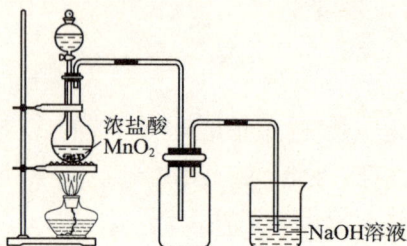

图 8-9　原实验装置

◎ 存在问题

这套装置的主要问题在于实验结束后残留在仪器中的氯气没法完全除去,在拆卸装置时老师不可避免地会受到伤害。

◎ 改进方法

把圆底烧瓶换成带有支管的烧瓶,实验结束后我们可以从支管口向装置中鼓入空气,把其中的氯气全部鼓入氢氧化钠溶液中进行吸收,然后再拆卸装置。装置如图 8-10 所示。

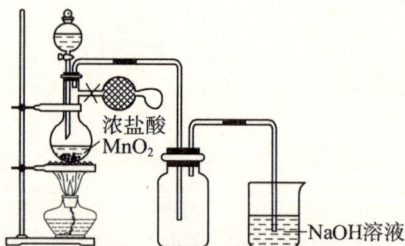

图 8-10　改进实验装置

相类似的实验还有:铜与浓硫酸的反应;铜与浓、稀硝酸的反应。教材中的装置都没有考虑彻底清除残留在装置中的有害气体的问题。

2. "铜与浓硫酸反应实验"的改进

◎ 原实验

教材中铜与浓硫酸反应的装置如图 8-11 所示。

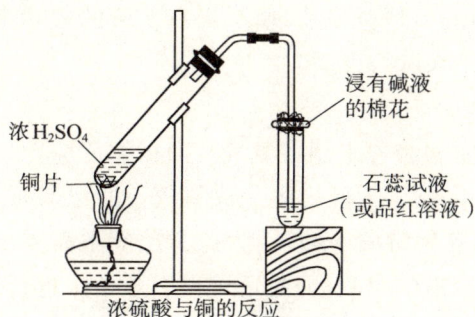

图 8-11 原实验装置

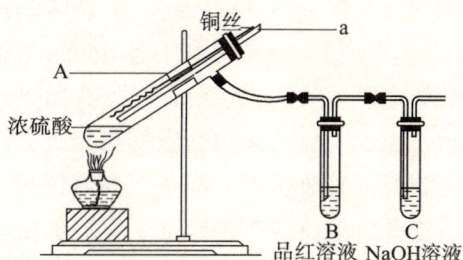

图 8-12 改进实验装置

存在问题

这套装置存在的最大问题就是无法控制反应的进行,只要把铜片和浓硫酸混合后加热,反应一旦开始就无法停止,除非有一种反应物反应完。这对课堂教学进度会产生很大影响,是很不符合演示实验要求的。

改进方法

把装置改进成图 8-12 所示的装置:① 把铜片换成一根铜丝,穿过橡皮塞伸到试管中;② 增加了尾气吸收装置。这样改进的好处是可以控制反应的进行,如果我们不需要反应只需把铜丝抽离浓硫酸即可。但是这样还存在两个问题。一是反应结束后残留在装置中的二氧化硫没法除去;二是铜丝穿过橡胶塞进行抽拉很不方便。笔者对第二套装置进一步进行改进:① 把试管换成了具支试管;② 具支试管口上套一个乳胶头;③ 从具支试管伸入铜丝。装置见图 8-13。

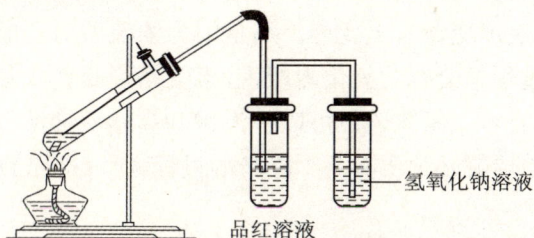

图 8-13 改进实验装置图

改进后的这套装置有很多优点:一是铜丝在具支试管通过乳胶头进行抽拉要轻松得多;二是实验结束后我们可以从具支试管口先抽出铜丝,然后再通过支管口用打气筒鼓入空气,把产生的二氧化硫气体全部赶入氢氧化钠溶液中进行吸收。这样不会对老师和学生产生影响。

8.2.2 对实验药品进行改进

很多演示实验的药品使用都存在问题,教师应该仔细分析,对其作适当调整,以求达到更好的演示实验效果。例如可以缩短实验用时、增强实验现象、提高实验的成功率、提高实验的安全性等。下面通过一些具体的例子来进行说明。

1. 对"实验室制备氯气实验"的药品的调整

教材中氯气的实验室制备配备有加热的实验装置来制备氯气。而根据反应原理,只要氧化性强于二氧化锰的物质都可以通过氧化氯离子使之氧化成氯气。所以有很多的老师在制备氯气时实际上都是用高锰酸钾来氧化氯离子的,因为这个反应不需要加热,两者一混合就能反应产生氯气。缩短了反应所需的时间,而且还可以引导学生进行知识的归纳和迁移。

2. 对"浓硫酸的脱水性实验"的药品的调整

《化学 必修1》中在讲到浓硫酸的特性时要做三个实验,其中第二个实验是与蔗糖的反应,是为了证明浓硫酸具有脱水性。我们觉得这个实验在感官的刺激上还不够强烈,就在上课时把蔗糖换成了一小片新鲜的瘦猪肉,把猪肉先平铺在一个小烧杯的底部,然后向其中加入适量的浓硫酸,很快就能看到猪肉炭化变黑且表面有气泡产生。这个实验做完以后学生可能一辈子都不会忘记,并且知道浓硫酸有强烈的腐蚀性。我们就不需要再从网上找一些被浓硫酸腐蚀的图片给学生来看了。

3. 对"乙醇消去制备乙烯实验"的药品的调整

苏教版《化学 有机化学基础》中在学到乙醇的性质时就讲到了演示实验"乙醇消去制备乙烯"。在开始的版本中主要是用浓硫酸为催化剂和脱水剂,并快速加热到170℃来制备乙烯。其装置如图8-14所示。

事实上我们用上述装置收集到的气体虽然可以使溴水褪色,也可以使高锰酸钾溶液褪色,但是我们并不能判断收集到的气体一定是乙烯。因为我们在实验中看到随着温度的升高,反应液的颜色逐渐变深直至变黑。那是因为浓硫酸对乙醇进行了脱水炭化的原因。进而分析在这个过程中会有二氧化硫产生,也就是说我们收集到的气体中会含有二氧化硫(事实证明确实有),二氧化硫也可以使溴水和高锰酸钾溶液褪色。我们要真正说明用上述装置能产生乙烯就必须要有一个除杂的过程,所以把原装置改装成如图8-15所示的装置。

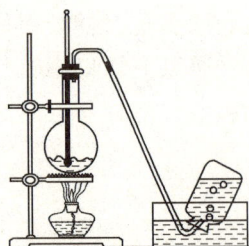

图8-14 原实验装置　　　　图8-15 改进实验装置

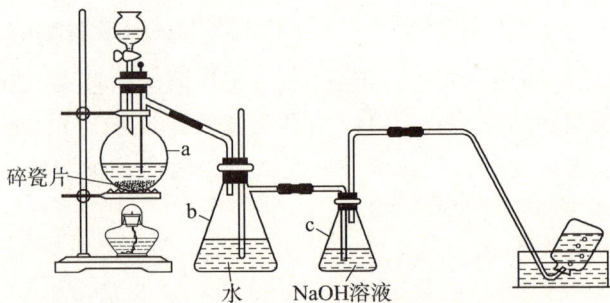

这样的装置略显复杂。所以现在教材中把催化剂浓硫酸改成了五氧化二磷或三氧化二铝。若用五氧化二磷作催化剂,则可以采用浓硫酸作催化剂的实验装置来进行实

验,因为这两种情况温度在 170℃ 以上就可以生成乙烯。若用三氧化二铝作催化剂,则装置要做适当的调节。不能把乙醇和三氧化二铝混在一起。因为三氧化二铝催化乙醇的温度为 360℃~420℃,乙醇在不到 100℃ 就沸腾了。所以应该让乙醇蒸气通过灼热的三氧化二铝层。

4."氢氧化亚铁制备实验"的改进

氢氧化亚铁的制备实验,在高中教学中也是非常重要的一个实验。但是现在苏教版的内容中已经没有了氢氧化亚铁的制备实验,只是在《化学 必修 2》讲钢铁的电化学腐蚀时提到了氢氧化亚铁这个物质。氢氧化亚铁沉淀的颜色应该是白色的,在空气中迅速变成灰绿色,最后变成红褐色的氢氧化铁沉淀。原理是:氢氧化亚铁在空气中极易被氧化。

$$Fe^{2+} + 2OH^- = Fe(OH)_2\downarrow(白色絮状沉淀)$$
$$4Fe(OH)_2 + 2H_2O + O_2 = 4Fe(OH)_3(红褐色沉淀)$$

教师在《化学 必修 1》讲铁的性质时会提到氢氧化亚铁这个物质,并会做氢氧化亚铁转化为氢氧化铁的实验。在平时的作业中经常会遇到有关获得氢氧化亚铁的实验题。实验通常有以下几种方法:

(1)有机物隔绝空气法

在采用此方法的时候,一般是用苯或植物油来隔绝空气,在一支试管内加入一定浓度的硫酸亚铁溶液和植物油,这两种液体在试管中分为两层,植物油在上层隔绝空气。然后将氢氧化钠溶液用长的胶头滴管插入试管底部,然后缓慢挤出,在下层溶液中我们可以看到白色的氢氧化亚铁絮状沉淀生成。

(2)排出空气法

排出空气法也就是利用不影响整个实验的气体(如氢气、氮气等)将试管中原有的空气排尽,从而达到在不接触空气的实验环境下进行操作,常用的实验装置如图 8-16 所示。

该实验利用铁和稀硫酸反应产生的氢气,先将试管 B 中的空气排干净,整个试管 B 处在无氧环境,夹紧止水夹后,试管 A 中的氢气无法逸出,使得试管 A 中的压强增大,将新生成的硫酸亚铁溶液压入试管 B 中,因此生成的氢氧化亚铁能较长时间保持白色。不难看出,此法实验装置和实验操作步骤都比较复杂。

图 8-16 制备氢氧化亚铁实验装置

1. 还原铁粉＋稀硫酸
2. 滤布　3. 氢氧化钠溶液
4. 液体石蜡

对于制取氢氧化亚铁实验,笔者同样采取的是排尽空气的方法,但是实验装置比上面的要简单,而且现象也很明显。

改进方法:上述实验是利用氢气将试管内和溶液中的空气排干净,实验效果虽然好,但是实验装置和操作步骤比较复杂。在笔者改进的实验中是利用氨气排除试管内的空气,优点是氨气不仅可以将装置内的空气排净,而且氨气本身就可以和硫酸亚铁溶液反应生成氢氧化亚铁,氨气发挥了双重作用。实验过程中没有刻意地排除空气的实验

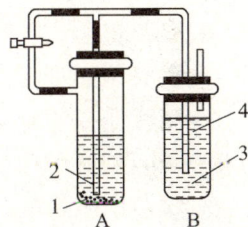

操作。

反应原理：$FeSO_4 + 2NH_3 \cdot H_2O \rightleftharpoons Fe(OH)_2 \downarrow + (NH_4)_2SO_4$

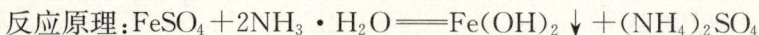

实验装置如图 8-17。

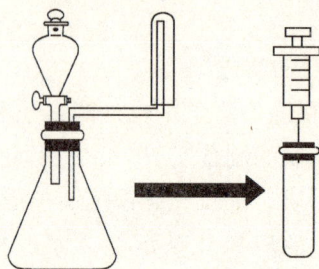

图 8-17　氢氧化亚铁制备实验的改进装置

操作步骤：

① 先取一个干净的锥形瓶，把一定剂量的氧化钙固体加入到其中，再把一定剂量的浓氨水装到分液漏斗中。

② 将分液漏斗上的活塞旋转一下，这样，浓氨水就会流入到锥形瓶中，与氧化钙固体发生反应，产生氨气，再拿一支干燥洁净的试管，把氨气收集起来，并用潮湿的红色石蕊试纸放在试管口，检验氨气是否已经收集满。

③ 事先准备好一支装有硫酸亚铁溶液的注射器，把它插在一个橡皮塞上，再马上把橡皮塞塞紧装满氨气的试管口。

④ 推注射器的活塞，将硫酸亚铁溶液推入试管中，观察现象。可以发现试管中立即产生白色沉淀，且能较长时间保持白色，打开橡皮塞，白色立刻变成灰绿色，随即变成红褐色。

该实验的优点：

① 实验装置简单。没有复杂的排空气装置，用反应物氨气排除空气，一举两得。

② 装置能有效地隔绝空气。试管中收集的氨气是满的，硫酸亚铁溶液用注射器推入，使整个反应过程中没有空气进入，能有效隔绝空气，确保实验成功。

③ 实验操作简单。快速制备收集好氨气后，仅需将注射器中的硫酸亚铁溶液注入试管即可。

④ 实验现象明显。氢氧化亚铁的白色能较长时间保持，不会让学生产生误解。

8.3　高中化学演示实验教学手段的改进

在现代化的教学中，教学手段的好坏也直接影响着教学效果。教师对演示实验的教学手段也要充分地改进以达到更好的教学效果。

1. 多媒体在化学演示实验中的应用

21世纪网络技术的迅猛发展以来,高中化学教学的手段也发生巨大的变革,一般的中学都已配备上各种各样的多媒体教学设备,如投影机、电子白板等。合理运用多媒体技术对加强教学效果有重要的帮助。

(1) 利用多媒体技术可以扩大和再现实验现象

课堂上,老师在讲台上进行演示实验,多数情况下,坐在前排的学生因为"近水楼台",所以观察得很清楚,也能随着教师思考,跟得上课堂的节奏,然而远处的学生却无法关注到实验的详细情况,严重影响了学习效果。例如,要探究钠的真实形态,教师可以把它切开一小块,离得近的学生能够观察到断面是银白色的。后面的同学很可能还没有集中注意力观察,银白色就已经没有了,被暗灰色所取代。还有钠和水的反应,前面的同学看的很清楚:钠会浮在水面上熔成小球四处游动。可是后面的学生就看不见了。要解决这个问题,可以采用以下方式:一是借助实物投影仪把这个实验过程投影到幕布上,这样全班同学就可以看得很清楚了。二是事先录制一段视频,教师先现场做,使学生了解实验原理、步骤和基本的现象。然后再通过视频加深对实验现象的了解。这样可以达到较好的教学效果。

(2) 利用多媒体技术可以展示微观实验过程

在化学教学过程中,教师经常会讲这样的一句话"透过现象看本质"。在课堂的实验教学中,教师在做完实验并总结完现象后,要对现象进行分析。也就是要从微观的角度来分析反应的实质,这时如果我们借助于多媒体技术则可以使反应过程变得形象生动。例如,教师在做完电解质溶液的导电实验后要分析为什么有的物质溶于水可以导电,而且导电能力还有所不同,有的物质溶于水则不导电。如果我们教师仅靠语言和文字来描述则显得非常的空洞和乏味,而且学生还不容易理解。这时我们可以借助多媒体技术做一个flash动画进行描述:有的分子溶于水会电离成阴离子和阳离子,在水中自由游动,然后在电压下定向移动形成电流而导电;可是还有一些分子溶于水后不会电离成阴离子和阳离子,教师对溶液加电压后也无法使电流产生,就不能导电。这样既培养学生的思维能力、空间想象能力,同时也能轻松地突破教学的重难点。类似上述运用多媒体辅助教学的例子在化学课堂上还有很多。例如要描述原电池工作原理、电解池工作原理、影响化学反应速率的外界因素、反应过程中热效应的产生、有机反应中需要分析断键和成键的反应等。

(3) 利用多媒体技术可以减少有害实验的影响

在高中化学教材中有一部分演示实验其实并不适合在课堂上现场演示。原因有很多,一是实验装置比较复杂,操作步骤多而且实验产生有毒物质。例如氯气的实验室制备及性质实验,实验时氯气散发出来的概率非常大。二是实验过程所需时间比较长。例如实验室对石油的蒸馏、酚醛树脂的合成、淀粉的水解、铁的电化学腐蚀等。三是实验现象不明显且成功率低。例如氢氧化亚铁的制备、中和热的测定、酸碱滴定曲线的测定等。

如果发生了这样的问题,教师应该灵活借助多媒体向学生形象地展示整个实验的过程。如此,一样可以达到实验的目的,取得良好的教学效果。

（4）利用多媒体技术可以加深学生实验操作的印象

课堂上,教师请学生在计算机上进行虚拟实验操作,这样有利于强化学生对实验操作、设计、观察、分析、解答等要素的理解。一方面可以减少药品的损耗,另一方面也可以使实验安全方便快捷,且无污染。另外,还有助于对学生严谨治学态度的培养。例如,一些实验的尾气易溶于水,而我们没有使用防倒吸装置,从而导致吸收液倒流到反应装置中而引起实验的失败;一些可燃性气体在点燃前没有验纯而导致爆炸;对装固体的试管进行加热时没有均匀受热而引起试管的爆裂;在对浓硫酸进行稀释时把水加到浓硫酸中,从而引起液体飞溅等。这些实验事故会让学生的心里留下阴影,从此以后,他们就会坚定一个信念,那就是一定要按照规范进行实验,否则后果严重。还有,利用多媒体能够帮助学生解答疑难问题,例如有的有机反应实验,教师可以借助三维动画来虚拟制作出实验过程中断键与成键的过程,因为多媒体成像既有动态,又有静态,可以更加真实、明显地反映出有机反应的特点。学生就能很轻易地掌握这个知识点了。

2. 微型化实验在演示实验中的应用

微型化的化学实验是指利用微型实验仪器,使用较少的药品来完成的实验。这种实验相比于一般实验来说,优点主要有:操作时需用的药品剂量少、装置简单、污染比较小,还能使实验绿色化、环保化,而且实验的效果不会受到影响,一样能达到实验的目的。所以,教师应该在微型化实验改进方面进行研究。

（1）微型实验仪器的选择

仪器选择的是否适宜,是决定实验成功与否的重要因素。所以教师应该对仪器进行慎重选择。一般的仪器是国家微型化学实验研究中心提供的,它们的材质主要是塑料或玻璃。如图 8-18 所示。

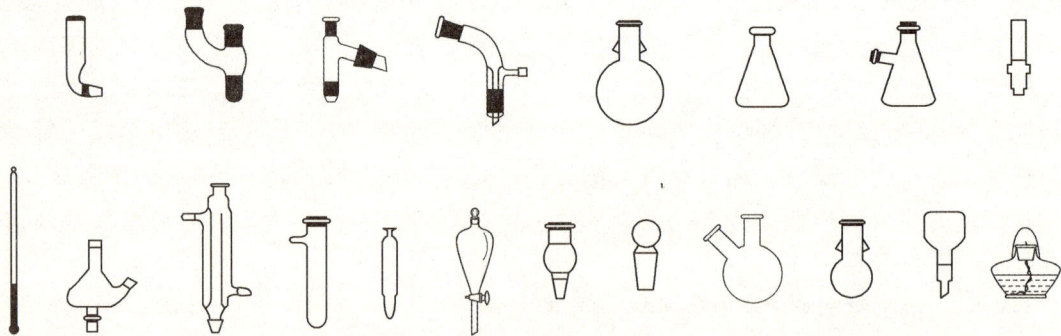

图 8-18　微型化学实验仪器

还有的仪器的材质只是很常见的普通材质。例如,眼药水的小瓶子可以拿来改成洗气瓶,医院里使用的一些药水瓶也可以作成反应容器或收集瓶,用医院里的输液器当量筒,把输液管当成长颈漏斗等。自制仪器来源非常广泛、途径多,既环保又经济,使用成本低。学生通过实际操作,还可增强学生的动手能力、思维能力和创造能力。

（2）微型实验与多媒体技术相结合

在课堂上进行微型演示实验需要解决的问题是怎样让全班学生都能清楚地观察到实验现象。这就需要我们借助多媒体技术,因为微型实验为了减少药品的消耗和环境的污染,所产生的现象可见范围比较小,我们可以使用实物投影技术把实验过程投影到大屏幕上,这样全部同学就可以看清楚了。

（3）改演示实验为微型学生实验

对于一些危险性小或污染小的演示实验我们可以将其改成微型学生实验,以增强学生的实验动手能力。例如萃取实验、焰色反应、原电池实验等。

（4）微型实验和常规实验相结合

虽然微型实验有诸多好处,但也不能适用于所有的实验。比如:过滤实验、分液实验,一定物质的量浓度溶液的配制实验以及一些有机实验等。这些演示实验就不适合改进成微型实验的形式。这就要求教师根据需要灵活处理微型实验和常规实验的关系,让二者都能在需要它们的时候发挥最大的作用。

参考文献：

[1] 彭银,熊言林,张敏. 化学实验装置设计与教学[J]. 教学仪器与实验,2009,(1):11~12.

[2] 文庆城. 化学实验教学研究[M]. 北京:科学出版社,2003.

[3] 周卓娜. 高中化学实验改进的探究与实践[D]. 湖南师范大学,2013:18.

[4] 王祖浩. 普通高中课程标准实验教科书·化学 1[M]. 南京:江苏教育出版社,2014.

[5] 苗深花,韩庆奎. 化学实验教学论[M]. 北京:科学出版社,2012.

[6] 崔莹. 高中化学新课程实验教学研究[J]. 考试周刊,2012,(14):132~133.

[7] 李新春. 信息技术在中学化学教学中的现状与思考[J]. 甘肃科技,2013,(7):21.

[8] 高敬群,张向东,邓敏等.计算机模拟实验教学的探索[J]. 化学教育,2001,(1):23.

[9] 刘文琦. 以化学实验为载体开展探究性学习[J]. 现代教学,2004,(12):28.

[10] 王祖浩,王程杰. 中学化学创新实验[M]. 南宁:广西教育出版社,2007.

[11] 陈经雨. 浅谈中学化学实验的改进[J]. 数理化学习,2012,(7):79~80.

[12] 俞远光. 中学化学演示实验教学研究[D]. 华中师范大学,2000.

[13] 冯紫萱. 高中化学演示实验教学研究[D]. 西北大学,2013:6~8.

[14] 周宁怀,宋学梓. 微型化学实验[M]. 杭州:浙江科学技术出版社,1992.

第9章

中学化学实验设计

未来的中学化学教师要指导学生通过化学实验进行探究性学习和研究性学习活动，就必须学会化学实验的设计及其教学的设计。在平时注意拓宽实验教学的视野，着意培养自己的实验设计及探究意识，经历实验设计的探究过程，发展实验设计探究的能力。为此，我们重点介绍了化学实验设计的含义、功能、类型、内容、基本原则、步骤、方法以及案例等内容。

9.1 中学化学实验设计简述

9.1.1 化学实验设计的含义及功能

化学实验设计是指实验者在实施化学实验之前，根据一定的化学实验目的和要求，运用有关的化学知识和技能，对实验的仪器、装置、步骤和方法所进行的一种规划和尝试。化学实验设计是化学实验准备阶段的一项十分重要的工作，具有较强的综合性、灵活性和创造性。

化学实验设计在培养学生的科学素养、促进学生的全面发展等方面具有不可替代的作用，有其本身独特而重要的教育功能。

第一，化学实验设计可以激发学生的化学学习兴趣。学生根据自己所学的化学知识，独立地或在教师启发下，设计出各种实验方案，成功地解决化学问题，从而产生成功后的喜悦，激发起更大的学习热情，成为进一步学习的强劲动力。

第二，化学实验设计可以充分发挥学生在实验教学中的主体作用。促使学生做实验教学的主人,避免被动地进行实验。

第三,化学实验设计可以培养学生运用知识的研究能力和创造能力。设计化学实验方案需要学生灵活地和创造性地运用所学的化学基础知识和基本技能,因而可以培养他们解决化学问题的能力和创造能力。

第四,化学实验设计能较好地培养学生的科学态度和科学思维,以及各种科学方法(如实验、测定、假说等)的训练,形成严肃认真、一丝不苟、实事求是的科学态度和科学思维。

第五,化学实验设计也是培养化学教师实验研究能力的重要途径和方法。教师根据教学内容的特点和教学过程的需要,改进教材原有实验、设计新实验,不仅有利于学生掌握教学内容,顺利完成教学任务,而且能提高教师的教学水平和教学能力。

9.1.2　中学化学实验设计的类型和内容

1. 化学实验设计的类型

根据不同的分类标准,中学化学实验设计可以划分成不同的类型。本文主要介绍以下几种类型。

(1) 根据实验在化学教学认识过程中的作用来分类。

① 验证性实验设计。由于这类实验的目的主要是检验化学假说和理论,又多采取学生实验或边讲边实验的形式,因此,在设计这类实验时,要注意现象明显、操作简单、节约时间、安全可靠、说服力强。

② 探索性实验设计。由于这类实验是在课堂教学中配合其他化学知识的讲授进行的,采取的又多是边讲边实验或演示实验的形式,因此,在设计这类实验时,应注意现象明显、易操作、时间短、安全可靠。

③ 创新性实验设计。这类实验的目的主要是综合运用所学的化学知识和技能,解决一些化学实验习题或实际问题。因此,在引导学生进行实验设计时,要注意灵活性和综合性,尽可能设计多种方案,并加以比较,进行优选。

(2) 根据化学实验的工具来分类。

① 化学实验仪器、装置和药品的改进或替代。这主要是由于中学化学教材中的一些实验因装置过于繁杂、操作不太简便或可见度较低而影响化学教学效果,因此需要改进方案,重新设计。另一方面,由于中学受到种种条件的限制,常会发生缺少某些仪器或药品较贵重不易获得的情况,因而需要自制一些仪器、利用代用品或采用微型实验,所以也需要对实验重新设计。

② 化学实验方法的改进。由于教材上的实验方法并不一定适合教学的要求或实验效果不理想,因此,教师需要改进实验步骤、实验方法,重新设计实验方案。

（3）根据化学实验内容来分类。

① 物质的组成、结构和性质实验设计。② 有关化学定律、化学基本概念和化学反应原理的实验设计。③ 物质的制备实验设计。④ 物质的分离、提纯、鉴别实验设计。

（4）根据仪器的规格来分类。

① 常规化学实验的设计。② 微型化学实验的设计。

2. 化学实验设计的内容

一个相对完整的化学实验方案所涉及的方方面面，即为化学实验设计的内容，主要包括：实验题目、实验目的、实验原理、实验用品（药品、仪器、设备）、实验装置、实验步骤和操作方法、注意事项、实验现象记录及结论。

实验设计的具体格式，可根据实际情况，采用下列表述形式。

（1）文体式：文体式就是用文字将实验设计内容完整、详细地表述出来，这是我们最常见的一种设计方案格式（如 9.3.1 举例中的 1）。

（2）流程式：流程式是将设计方案按其操作先后顺序，用图表符号进行表述，并附以简要文字说明。它的最大特点是实验设计方案简明精练，层次清楚，一目了然（如 9.3.1 举例中的 2）。

（3）表格式：表格式就是将实验设计的操作顺序、操作内容、实验现象和结论等以列表的方式加以表述。这种格式亦较为常见（如 9.3.1 举例中的 3）。

9.1.3　化学实验设计的基本原则

1. 科学性原则

科学性原则是化学实验设计的首要原则。所谓科学性，首先是指实验原理、实验操作程序和方法的正确性，其必须与化学理论知识和化学实验方法相一致。例如关于 S^{2-} 和 SO_3^{2-} 的检验的实验设计，在试剂选择上不宜选用硝酸等具有氧化性的酸；在操作程序的设计上，应先溶解，然后取少量溶液加入鉴别试剂，而不能溶解后就直接加入鉴别试剂等。其次，实验设计要具有科学思想和科学方法的教育因素。如果在设计中没有科学态度和方法，往往稍有疏忽就会出现科学性错误。

2. 可行性原则

可行性是指设计化学实验时所运用的实验原理在实施时切实可行，所选用的化学实验药品、仪器、设备和方法在现有的条件下能够得到满足。例如，用化学方法鉴别 N_2 和 Cl_2 时，就不能用它们跟 H_2 的反应来进行区别。因为 N_2 跟 H_2 的反应条件在中学实验条件下很难得到满足，Cl_2 跟 H_2 的反应如控制不好，有一定的危险性。因此，设计此实验时一定要考虑到可行性。

3. 直观性原则

感知对刺激强度依存性的规律表明，作用于感觉器官的刺激必须达到一定的程度才能被人们清楚地感知。所以,设计实验时,尤其是物质的性质实验或鉴别实验,一定要使实验现象鲜明、直观。例如设计碘的萃取实验时,要研究碘水浓度及其和苯(或 CCl_4)的用量比,使萃取出来的碘在苯溶液中显示出鲜艳的紫红色,以使学生印象深刻,有利于记忆。

4. 安全性原则

在进行化学实验时,如果发生燃烧、爆炸或中毒等事故,不仅会给教师和学生造成人身伤害,而且还将严重地影响学生今后学习化学课程的兴趣和积极性,甚至还会永远给学生留下"化学实验很危险"的潜意识,因此,对实验的安全性必须给予足够的重视。设计实验时应尽量避免使用有毒药品和具有一定危险性的实验装置及操作方法。

5. 简约性原则

简约性是指要尽可能采用简单的实验装置,用较少的实验步骤和实验药品,在较短的时间内来完成实验。更具体地说,就是装置简单,操作简便,现象明显,节约药品,节约时间,安全可靠,不产生污染,整个实验过程没有过多的干扰,学生将精力集中在操作、观察和探究上。

6. 综合性和实践性原则

化学实验设计应兼顾其他学科知识的综合利用,素质和各种能力的综合培养,智力因素与非智力因素的综合运用等。化学实验设计应运用于化学实验教学和化学科学研究之中,要亲自动手进行实验操作,在做中想,在做中学,在做中探,不断完善自己的研究设计;还要因地制宜,因时制宜。

9.2 化学实验设计的步骤和方法

9.2.1 化学实验设计的基本步骤

化学实验设计的基本步骤大致包括以下几个环节:

1. 选题

选题是实验设计的关键环节(当然,有些题目是给定的,如实验习题)。恰当地选定题目是任何一项科研工作的起点。题目选择的好坏有时会直接关系到实验的成败,而创新性题目的提出,对实验设计又会起到决定性的作用。这就要求所选题目既要有一定的独创性和新颖性,又要考虑各种主客观条件,使该题目有开展的可能性。同时,所选题目必须是化学教学实践和社会生产、生活中需要解决的问题,或者是随着教学改革的深入而不断发展、不断充实的题目。

2. 确定实验目的

在着手进行实验设计之前,首先应该明确该化学实验要达到什么目的。不论是化学科学研究中的实验,还是化学教学中的实验,都必须有明确的实验目的。化学实验目的的确定通常根据新课程目标从以下几个方面来考虑:一是让学生了解什么? 如了解实验方法、实验仪器等;二是让学生掌握什么? 如掌握实验原理、物质的化学性质、实验关键、基本操作等;三是让学生学会什么? 如学会实验方法、实验操作方法等;四是让学生探究什么? 如探究实验方法、实验装置等;五是提高学生的什么能力? 如提高实验操作能力、设计能力、探究能力等;通过实验过程有何体验等。

3. 查阅、收集文献资料

在选定题目和确定实验目的之后,就要系统地查阅前人对该题目做过的工作,这样既可以从中学习实验设计的科学构思和方法,使自己的实验设计建立在较为先进的基础上,又可以利用和借鉴前人已有的成果,避免重复劳动,少走弯路。我们不能事事直接经验,特别到了今天,科学发展到"知识爆炸"阶段,充分利用现有信息,学习和吸取人类已经获得的知识成果,及时地学习和吸收各种形式的间接经验和资料,显得尤为重要。

4. 明确指导化学实验设计的理论

在确定了化学实验目的并获得有关的文献、资料后,还不能马上进行实验设计,而是要先弄清指导化学实验设计的理论是什么,然后在这种理论的指导下再去设计化学实验方案。在这里,指导理论是将化学实验目的与实验设计二者联系起来的基础。没有这一步,就不能很好地从化学实验目的过渡到实验方案的设计上,即使做了实验设计,也会因缺乏理论根据而使实验不能达到预期的目的。明确了指导理论,实验设计就有了根据,有了方向。化学实验者就可以根据这些理论进一步作出逻辑推理,预测可能遇到的困难,事先考虑好如何创设条件去克服它,还要估计到可能取得的实验结果等。

5. 制订化学实验设计的初步方案

当前面的工作已做好,而且已经取得与实验相关的资料,就可以综合运用自己所学知识与所掌握的资料,来初步确定实验进行的方法和步骤。应当注意的是,即使是初步的实验设计方案,也应当是遵循前述几条基本原则的。一个相对完整的化学实验方案一般包括:实验题目、实验目的、实验原理、实验用品(药品、仪器、设备)及规格、实验装置图、实验步骤和操作方法、注意事项、实验现象记录及结论。当然,对于某一特定的实验,其具体方案应该是因实验而异的。

6. 验证并修订实验设计方案

实验设计的初步方案确定后,还应该进行验证和修正的工作。毕竟实验设计的初步方案未必就是最合理、最完美、最简便的。此时,我们应当按照初步设计的方案进行尝试操作,看该方案是否可行,能否达到预期的目的;尤其是当实验设计的初步方案并非一种的时候,可以通过尝试操作来比较几种不同的方案,以确定哪一种是最佳的。在尝试操作的过程中,如果发现其中的某一环节不合理或者是错误的,就要及时进行修订,从而使方案达到最优。这一步的工作对教师特别重要。

9.2.2 化学实验设计的方法

进行化学实验设计是一项复杂而又细致的工作。这项准备工作做得如何,关键在于对该项化学实验所涉及的一系列具体问题进行认真的分析和周密的思考。其方法如下:

1. 对化学实验所涉及的化学原理、参加化学反应的各种物质的性质要有较全面、较深入的了解和认识。要尽可能估计到在什么样的实验条件下,可能有什么样的化学反应以及产生什么样的实验结果。在此基础上再做细致而具体的思考,确定在怎样的实验条件下,才能使有关化学反应向着实现化学目的的方向发展。

2. 按照化学反应原理,根据化学反应物和生成物的性质、实验条件的控制、发生反应时可能产生的能量变化,来预选实验方法和手段。甚至对选用仪器的规格、仪器的连接安装方式都要仔细考虑。然后,确定实验操作的程序和步骤,并在思想上进行"实验",头脑中要考虑好每一步应怎样操作,操作方法上应注意些什么,怎样进行观察,如何使实验过程中的每一环节、每项操作都成为有目的、有计划的具体活动,并构成一个有序联系的整体。

3. 化学实验主体要对自身的化学知识基础和理论水平、实验操作水平、现代化测量手段掌握的情况等也应作出全面的、切合实际的评价,充分估计自己是否有能力胜任该项实验研究。明确自己的不足,找到弥补的办法,努力予以补救。

4. 对化学实验过程中可能遇到的困难和克服的办法,都要尽量作好思想准备。甚至在一开始就可以作出两套或多套不同的实验方案,设计几种不同的实验路线去完成同一个实验目的的实验方案,运用理论思维,在头脑中对它们进行"实验",对它们各方面的情况作出周密分析,并加以比较,从中确定一个较理想的观念模型,然后着手完成化学实验设计的书面材料。

9.3 中学化学实验设计案例

根据前面所论述的化学实验设计原则和方法,结合案例选择了常规化学实验、微型化学实验、探究性实验、复习中的化学实验、应用发现法的化学实验进行实验设计研究。

9.3.1 常规化学实验的设计

常规化学实验是全国长期以来统一应用,较规范的化学实验,它是相对于微型化学实验、微量或痕量化学实验来说的。中学化学教材中的课堂演示实验、学生实验等基本上都是常规化学实验。这类实验的设计,常分下列三种形式。

1. 着重实验过程表述的文体式设计

这类实验的设计,主要从实验目的、实验原理、药品、仪器装置、实验步骤、操作要点、产品收集和注意事项等几个方面进行设计,用准确、完整的文字表述出来。例如,"设计实验制取水煤气,并证明水煤气具有还原性和可燃性"。

(1) 实验目的

① 了解制取水煤气的实验装置和方法。

② 掌握制取水煤气的实验原理。

③ 掌握水煤气具有还原性和可燃性的化学性质。

④ 学会实验装置的设计方法。

(2) 实验原理

将水蒸气通过灼热的焦炭,即可制得水煤气(H_2 和 CO),使所产生的水煤气通过灼热的氧化铁粉末,并将尾气点燃可证明水煤气具有还原性和可燃性。化学方程式如下:

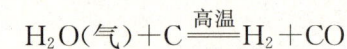

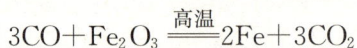

$$H_2O(气) + C \xrightarrow{\text{高温}} H_2 + CO$$

$$3CO + Fe_2O_3 \xrightarrow{\text{高温}} 2Fe + 3CO_2$$

$$3H_2 + Fe_2O_3 \xrightarrow{\text{高温}} 3H_2O + 2Fe$$

$$2CO + O_2 \xrightarrow{\text{高温}} 2CO_2$$

$$2H_2 + O_2 \xrightarrow{\text{高温}} 2H_2O$$

(3) 药品

水,焦炭,$CaCl_2$(干燥剂),Fe_2O_3,澄清石灰水。

(4) 仪器装置如图 9-1、9-2 所示。

(5) 实验步骤

① 按图 9-1、9-2 装配仪器,并检查装置的气密性。

② 在烧瓶内装入 100 mL 水,在反应管 A 中装入 2 g 焦炭,反应管 B 中装入 2 g Fe_2O_3。焦炭要碎成粒状,疏松地堆在 A 管中部,B 管应选细长的玻璃管,使 Fe_2O_3 粉末疏松地平铺在 B 管中部。

③ 加热制取水煤气,并将水煤气收集在球胆或储气瓶中。

④ 用水煤气还原 Fe_2O_3,并点燃尾气。

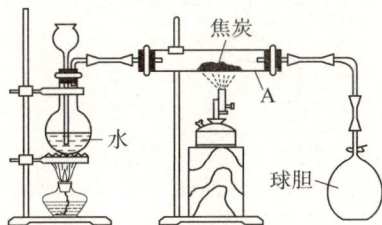

图 9-1 制取水煤气

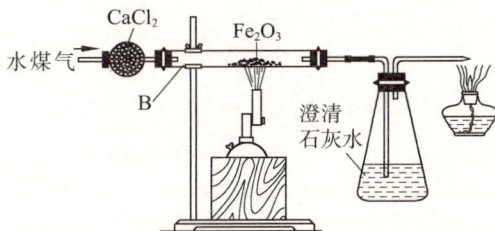

图 9-2 用水煤气还原 Fe_2O_3 并试验其可燃性

（6）注意事项

① 应先点燃酒精灯加热烧瓶，使产生的水蒸气排掉 A 管中的空气后，再点燃喷灯加热焦炭。这是为了防止水煤气中混有空气时受热发生爆炸。

② 一氧化碳有毒，不能排入空气中。所以点燃尾气，一是为了证明水煤气的可燃性，二是为了防止一氧化碳进入空气造成污染。

③ 反应结束时，应先使导管离开锥形瓶中的液面再停止通气和加热，以防止倒流。

2. 着重实验过程分析的流程式设计

这类实验的设计重点是思路分析。根据给出的题目或内容，进行分析、推理，最后把整个思维设计过程用流程图表示出来。例如，"请你设计一个方案，从含有少量泥沙、氯化镁、氯化钙和硫酸钠等杂质的粗食盐中制取精食盐。"该实验设计思路如下：

（1）此实验题目提出的问题十分明确，就是要除掉粗食盐中的少量泥沙、氯化镁、氯化钙和硫酸钠等杂质。

（2）如何除掉上述杂质，需要具体分析。由于泥沙不溶于水，通过过滤可以除掉。而其他三种杂质，实际上是 Mg^{2+}、Ca^{2+}、SO_4^{2-} 三种离子，通过加入适当的试剂让它们变为沉淀物，再采用过滤操作除掉。最后得到的是氯化钠滤液，通过蒸发、结晶，获得精食盐。

（3）要完成上述实验分析，应进行讨论和探究，运用已具备的化学知识和实验技能，进行知识、技能组合。从实验技能来说，主要用到溶解、过滤、蒸发、结晶等；用到的化学知识，一是使 Mg^{2+}、Ca^{2+}、SO_4^{2-} 生成沉淀的试剂选择；二是选用试剂的加入顺序。经过分析确定，先加入过量的 NaOH 溶液，除掉 Mg^{2+}；然后加入过量的 $BaCl_2$ 溶液，SO_4^{2-} 变为 $BaSO_4$ 沉淀；再加入过量的 Na_2CO_3 溶液，除掉生成的 $CaCO_3$ 和 $BaCO_3$；最后加入过量的盐酸，除掉 CO_3^{2-}，最终完成实验设计。但有时由于受知识、技能的限制，第一次的实验设计不一定最好，可经过多次思考、分析、尝试，直到得到比较理想的实验设计方案为止。

（4）在上面分析的基础上，经过进一步的梳理，即可形成完整的实验设计方案，其流程图见图 9-3。

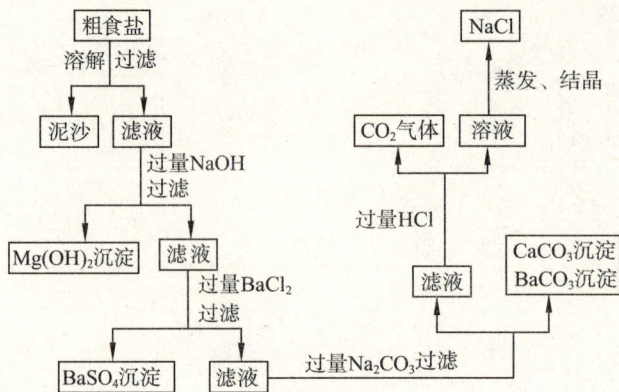

图 9-3　实验设计流程

3. 着重实验装置改进的表格式设计

实验装置改进的设计,主要是根据实验原理和仪器的工作原理进行的设计。以装置结构简单、操作方便、药品用量少、实验现象明显、无环境污染为最佳方案。最后用列表的方式表示出来。例如高密五中刘宝国老师带领学生对"浓硫酸和木炭反应实验方案"的设计研究,就体现了这五方面优化的最佳方案设计过程,见表 9-1 和 9-2。

表 9-1　几种设计方案及评述

方案	实验装置	特点评述
一	 1. 石蕊试液(或品红溶液) 2. 澄清石灰水;3. 浓硫酸;4. 木炭	1. 最基本、最普通的一种实验装置; 2. 装置较复杂、药品用量多; 3. 有少量气体溢出、污染环境; 4. 现象明显。
二	 1. 石蕊试液(或品红溶液);2. 澄清石灰水; 3. 浓 NaOH 溶液;4. 浓硫酸;5. 木炭	1. 装置复杂、操作繁琐; 2. 药品用量多; 3. 增加尾气吸收装置,无环境污染; 4. 现象明显。

（续表）

方案	实验装置	特点评述
三	1. 石蕊试液（或品红溶液）；2. 澄清石灰水； 　　3. 浓 NaOH 溶液；4. 浓硫酸；5. 木炭	1. 装置较复杂、操作较繁琐； 2. 药品用量少； 3. 无环境污染； 4. 现象明显。

表 9-2　改进后的设计方案及评述

方案	实验装置	特点评述
四	1. 石蕊试液（或品红溶液）；2. 澄清石灰水； 　3. 浓 NaOH 溶液；4. 浓硫酸和木炭	1. 装置结构较简单，便于操作； 2. 节约时间和药品； 3. 无环境污染； 4. 现象明显。
五	1. 澄清石灰水； 2. 湿润的蓝色石蕊试纸； 3. 浸有品红溶液的滤纸条； 4. 蘸有浓 NaOH 溶液的棉团； 5. 双球干燥管； 6. 浓硫酸和木炭	1. 结构简单，操作方便； 2. 用两种试纸代替溶液有创意； 3. 双球干燥管既做性质检查装置，又做尾气吸收装置，具有创新意识； 4. 现象明显； 5. 无环境污染； 6. 药品用量少。

（续表）

方案	实验装置	特点评述
六	 1. 澄清石灰水； 2. 浸有品红溶液的滤纸条； 3. 湿润的蓝色石蕊试纸； 4. 蘸有浓 NaOH 溶液的棉团； 5. 掉底、串底废试管；6. 浓硫酸和木炭	1. 使用具支试管，结构更简单，操作更方便； 2. 用废试管既做性质检查装置，又做尾气吸收装置，有创新意识； 3. 废试管的使用，收到了废物利用的效果； 4. 现象明显，成功率高； 5. 药品用量少且无环境污染。

9.3.2　探究性化学实验的设计

探究性实验来自"探究性教学"，它的早期表现是"发现法"和"问题解决法"。"发现"是以培养学生探究性思维能力为目的的，光有"发现"只能算作"探"，而"问题解决"就是"究"了。在化学教学中，尤其在化学实验教学中，总会碰到这样那样的问题，因而"探究性实验"也就作为"探究性教学"的一部分应运而生。那么什么是探究性化学实验呢？

探究性化学实验简单说就是指面对化学实验教学中出现的疑难问题或实际生产生活中的化学问题，通过设计一系列的实验并付诸实践，根据实验现象或实验结果进行严密推理来分析解决问题的一种实验方法。探究性实验与我们平时所说的实验有着紧密的联系，所不同的是，这种实验不象我们所做的验证性实验那样关注实验结果，而是对其实验过程进行探究，最终推出实验结果。其设计的一般程序见图9-4。

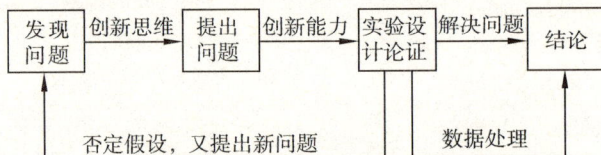

图 9-4　探究性化学实验设计的一般程序

例如演示乙酸乙酯水解反应时，按照中学化学教科书中的要求进行实验演示，效果不佳。主要存在如下不足：一是乙酸乙酯没有染色，教室后边的同学看不清实验现象；二是加热温度偏高（70℃～80℃），并且试管没有塞胶塞，会使乙酸乙酯以及水解生成的乙醇、乙酸产物挥发,造成一定的误差;三是用闻气味法来区别水解的程度并不恰当(有的同学闻不出来),不仅分辨率低、不具说服力,而且也不能使全班同学都能获得明显的体验;四是教科书中所用乙酸乙酯的用量较小(仅加入 6 滴),若时间控制不当,则在酸性、碱性介质中均可能全部水解,不利于正确结论的得出。

1. 问题的探究及实验设计

针对以上不足和查找的资料、设计实验方案对乙酸乙酯的水解反应进行了多方面的最佳条件选择的探究。

(1) 确定研究方法

最佳条件的选择方法有多种,概括起来主要有全面比较法、优选法、综合比较法(正交法)等。经过讨论我们认为本课题有多个影响因素,采用全面比较法较好。

全面比较法是对影响实验结果的各种因素的所有水平进行全面搭配比较,从中找出最佳条件。例如影响实验结果的因素有 A(加热)和 B(反应物浓度)两个因素,而 A 又有 A_1、A_2 两种水平,B 又有 B_1、B_2……B_5 五种水平。将 A_1、A_2 分别与 B_1、B_2……B_5 搭配,进行 A_1B_1、A_1B_2……A_1B_5 和 A_2B_1、A_2B_2……A_2B_5 共 10 次实验,从中选出最佳实验条件。

(2) 对乙酸乙酯水解反应最佳反应条件的选择

与水发生水解反应是酯类的重要化学性质,其原理可用下式概括:

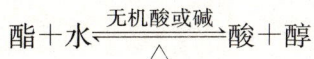

$$酯 + 水 \underset{\triangle}{\overset{无机酸或碱}{\rightleftharpoons}} 酸 + 醇$$

由该式可以看出,酯的水解反应实际上是酯化反应的逆反应,反应条件是加热,并且用无机酸或碱作催化剂。乙酸乙酯水解方程式如下:

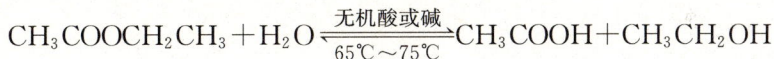

$$CH_3COOCH_2CH_3 + H_2O \underset{65℃\sim75℃}{\overset{无机酸或碱}{\rightleftharpoons}} CH_3COOH + CH_3CH_2OH$$

学生探究:

① 关于该反应的加热温度。中学教科书上演示乙酸乙酯的水解实验时,加热温度要求控制在 70℃～80℃ 之间;有的资料上则把温度控制在 60℃～70℃ 之间。学生认为水解温度控制在 65℃～75℃ 之间,效果会更好,由于乙酸乙酯的沸点为 77.15℃,所选温度要尽量高但又不能超过其沸点。

② 关于该反应的催化剂。该反应可用 H_2SO_4 溶液,也可用 NaOH 溶液作催化剂,但是用这两种物质作催化剂的效果有何不同? 它们的浓度、体积的变化对反应有没有影响? 酯的减少我们又如何看出? 为了弄明白这几个问题,进行了如下实验探究。

(3) 对实验过程的探究设计

① 酯的染色。为了使水层与油层之间界面清晰,容易观察和测量出乙酸乙酯层的高度,而且能引起学生对实验探究的兴趣,首先给乙酸乙酯进行染色。其方法多种多样;有的同学用红色或黄色铅笔杆上的漆膜染色,有的同学用红圆珠笔芯油染色,还有的同学用甲基橙染色,通过实验比较,用红圆珠笔芯油染色最佳。

② 酯的水解。影响酯的水解因素有水解时间、催化剂的浓度及体积等。为了便于比

较探究,我们设计了对比实验:取 4 支相同型号的大试管,分别贴上 1、2、酸、碱四个标签。在 1,2 试管中分别加入 10 mL 蒸馏水,在贴"酸"的试管中加入 10 mL 0.5mol/L 的 H_2SO_4 溶液,在贴"碱"的试管中加入 10 mL 0.5 mol/L 的 NaOH 溶液,然后在 4 支试管中分别加入 2 mL 染了色的乙酸乙酯,塞上胶塞,并用直尺量出各试管中乙酸乙酯的高度(h)且记录;再将标有 2、酸、碱三支试管放入 65℃～75℃ 的水浴中加热,每隔一分钟将其取出,振荡、静止,测量并记录当时酯的高度。如此反复进行,直到加热达到所控制的时间(8 min)。

③ 对乙酸乙酯在不同体积、不同浓度的酸、碱催化剂中水解的探究。用浓度为 0.5 mol/L 的酸、碱,分别取下列体积:8 mL、6 mL、5 mL、3 mL 按②重复实验;再改变酸、碱催化剂的浓度分别为 1 mol/L、2 mol/L、3 mol/L、4 mol/L、5 mol/L 时,取不同的体积进行上述实验。

2. 实验结果与讨论

根据实验数据,列出了乙酸乙酯在催化剂体积相同,浓度不同时,随时间变化的水解情况表 9-3(只列 1 组数据来说明,其他组数据略)。

表 9-3　乙酸乙酯水解剩余高度 h(mm)

浓度(mol/L)	时间 / 酸碱	0	1	2	3	4	5	6	7	8
1.0	H_2SO_4	12.0	11.0	10.0	8.0	7.0	5.0	1.0	0	
	NaOH	12.0	8.0	8.0	8.0	8.0	7.0	7.0	7.0	6.5
2.0	H_2SO_4	12.0	11.0	10.0	8.5	6.0	3.5	0		
	NaOH	12.0	12.0	8.5	7.0	6.0	5.0	5.0	5.0	5.0
3.0	H_2SO_4	12.0	11.0	6.5	6.5	3.0	3.0	0		
	NaOH	12.0	9.5	9.5	3.5	1.5	1.0	1.0	1.0	1.0
4.0	H_2SO_4	12.0	11.0	10.5	8.0	5.0	0			
	NaOH	12.0	11.0	11.0	10.0	9.0	8.0	7.0	6.0	0
5.0	H_2SO_4	12.0	11.0	10.5	8.0	3.0	0			
	NaOH	12.0	12.0	12.0	11.5	11.0	10.5	10.0	10.0	8.5

根据所得数据并进行比较讨论知,进行乙酸乙酯水解反应的演示实验,选用浓度为 3.0 mol/L、体积为 8 mL 或浓度为 4.0 mol/L、体积为 5 mL 的 NaOH 和 H_2SO_4 溶液作催化剂为最佳方案。

此实验的设计,突出了学生对实验过程和实际问题的探究,培养了学生探究问题和解决问题以及创新思维的能力。

9.3.3 复习中的化学实验设计

化学复习中,配合适当的实验,特别根据复习内容和学生实际情况设计实验,确定是一种较好的复习方法。设计实验可以是教师设计、演示,学生根据实验现象思考、讨论,也可以用实验习题的形式由学生设计实验来进行复习。复习中的实验设计,要求具有系统性、综合性和创新性。例如,复习"电解质溶液"时,教师就可以设计一组系列实验来复习。实验设计见表 9-4。

表 9-4 复习"电解质溶液"的系列实验

实验设计	实验装置	目的、要求
1. 用蒸馏水、石墨电极实验水的导电性。在蒸馏水中溶入少量葡萄糖溶液不导电,再溶入少量氯化铜晶体,液体由无色变成蓝色,溶液能导电,然后在阳极上用碘化钾试纸检验,再观察阴极上的铜。		要求学生解释这些现象,以理清电解质溶液导电的本质,电离和电解原理
2. 用铜片和锌片作电极,不用外电源,插入氯化铜溶液,显示有电流;用石墨电极插入氯化铜溶液中,没有电流。在锌片和铜片上加上外电源,锌片接电源负极,铜片接电源正极,稍待片刻,观察锌片、铜片,锌片上镀有铜;再将锌片接电源正极,铜片接电源负极,片刻后再取出锌片和铜片,发现锌片又呈银白色光泽,铜镀层消失了。		要求学生解释电极反应以及原电池、电解、电镀的关系
3. 用 pH 试纸来检验氯化铜溶液的酸、碱性。		以复习盐类水解

通过表格内的一系列实验,不仅复习了所学的知识,还把知识系统地联系起来,便于学生联想、对比、推理,建构而牢固地掌握知识,有利于发展他们的思维能力和解决实际问题的能力,充分体现了建构主义理论的思想。

9.3.4 应用发现法的化学实验设计

把发现法引用到化学实验教学中,让学生像化学家那样思考化学,去发现这些化学知识得以建立或发展的过程及所用的化学方法,提出问题、进行探索,对提高学生智力、培养学生的创新精神和创新能力具有教学实用价值。

对学习化学初级阶段的学生来说,发现学习过程应当是在教师指导下且学生"容易发现"的教学过程。这类实验教学可以简单地按照"发现问题→提出假说→进行推理→实验验证→得出结论"进行设计。例如"钢铁的锈蚀"实验教学过程设计如下。

[发现问题]   在日常生活中,常见到铁门因锈蚀而出现"脱皮"现象、雪亮的菜刀常出现红褐色的铁锈。这是什么原因呢?

这一步是联系生活实际提出问题,激活学生思维。

[提出假说]   可根据平时的观察分析,提出引起钢铁锈蚀的几种可能性,即假说。

假说1:铁生锈是因为和空气接触,铁和空气中的氧气化合产生的。

假说2:铁生锈是因为空气中水分子的存在,水和铁起了化学反应造成的。

假说3:铁生锈是因为空气中的氧气和水分子共同与铁作用的结果。

提出假说可以开阔学生的思维——理论思维能力的训练。

[进行推理]   如果假说1是正确的,则在干燥空气中,铁就能生锈;如果假说2是正确的,则铁在不含空气的水中就能生锈;如果假说3是正确的,则必须在既有空气又有水分的条件下铁才能生锈。到底哪个假说是正确的?只有通过实验来验证。

这一过程让学生学会全面分析问题,并学会实验设计的思维方法。

[实验验证]   将十多枚铁钉用洗衣粉洗净油污,然后冲净、擦干(或晾干),用砂纸擦亮分成三份,做以下三个实验。实验装置见图9-5。

实验1   在甲试管(干燥)中加入一份铁钉。用胶塞塞紧试管口。

实验2   在乙试管中加入一份铁钉,将煮沸过的水(除去水中溶解的空气)加入试管中至满,用胶塞塞紧试管口(注意管内不留任何气泡)。

实验3   在丙试管中加入一份铁钉,用水润湿,用湿棉花支撑,将试管倒立于水槽中。

经过几天观察,看看哪个试管中的铁钉生锈了,哪个试管中的铁钉仍然发亮?

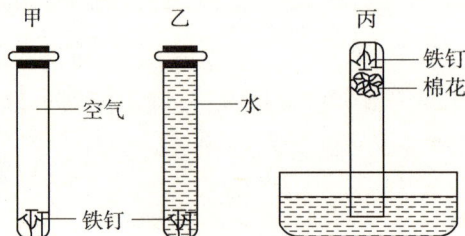

图 9-5 铁生锈实验

这一过程让学生自己实验,可锻炼学生的实验操作能力、观察能力、实验设计及研究能力。

[得出结论] 从实验中看到,甲试管中的铁钉在干燥的空气中不生锈;乙试管中的铁钉在不含氧气的水中也没有生锈;丙试管中的铁钉在潮湿的空气中,生满了红褐色的铁锈,而且试管中的水面约上升到原来试管容积的1/5。因此,便可得出结论:水和空气中的氧气同时对钢铁作用是钢铁生锈的原因。所以假说3是正确的;假说1和假说2不符合实验事实,是错误的。

这一过程可以培养学生的科学态度、科学方法及分析判断问题和解决问题的能力。

参考文献

[1] 苗深花,韩庆奎. 化学实验教学论[M]. 北京:科学出版社,2012.

[2] 马建峰. 化学实验教学论[M]. 北京:科学出版社,2006.

[3] 郑长龙. 化学实验教学新视野[M]. 北京:高等教育出版社,2003.

[4] 王克勤,马建峰,李万领. 培养学生化学实验设计能力的教学策略和方法[J]. 中学化学教学参考,2002,(3):1~3.

[5] 范杰. 化学实验论[M]. 太原:山西科学技术出版社,2001.

[6] 毕华林,傅尚奎,韩庆奎. 化学实验教学研究[M]. 青岛:中国海洋大学出版社,1998.

[7] 周宁怀,宋学梓. 微型化学实验[M]. 杭州:浙江科学技术出版社,1992.

[8] 苗深花,顾克强,郁章玉. 酸、碱、盐电离特征实验的改进[J]. 化学教育,2000,(9):43.

[9] 苗深花,郁章玉,刘玉东. 叉形管在微型化学实验中的应用[J]. 化学教育,1994,(2):24.

附　录

一、化学常用指示剂的配制

1. 石蕊试液:方法一　将 1 g 石蕊溶入 50 mL 水中,静置一昼夜后过滤,在滤液中加入 30 mL 95％的乙醇,再加水稀释至 100 mL 即可。

方法二　将 5～10 g 石蕊加入 100 mL 85％的酒精,在水浴上加热,并搅拌,倾去溶液以除其中的有色杂质。将残渣用 1 L 热水浸煮,并不断搅拌,滤去不溶物,便得石蕊试液。

用蒸馏水配制的石蕊试液滴入酸性溶液中,呈明显的红色。但滴入中性溶液和碱性溶液时,两者的区别往往不明显,都有一定程度的蓝中略带紫色,改进的办法是:用蒸馏水配制好以后,用滴管取 1 mol/L 的醋酸溶液,逐滴加入锥形瓶中,并不断振荡,严格控制醋酸的用量,并随时从锥形瓶中用滴管取出数滴溶液分别加入酸性氯化铵溶液、中性蒸馏水和碱性碳酸钠溶液中,至分别呈红、紫、蓝三色清晰可辨为宜。

如不小心调节过量,可用 1 mol/L 氨水反调。

经过调节的紫色石蕊试液对一般酸碱溶液反应敏感,对盐类水解所呈的酸碱性也反应明显。

2. 酚酞试液:将 1 g 酚酞溶于 1 L 60％～90％的酒精中即得。或者取医药用的无色酚酞片两粒,放入约 50 mL 的酒精中溶解,过滤即得酚酞试液。

3. 甲基橙溶液:取甲基橙 1 g,加蒸馏水 1 L,溶解后过滤即得。

4. 品红溶液:品红是一种人工合成的红色染料。配制时可将 0.1 g 品红溶于 100 mL 水中即可。

5. 淀粉溶液:将 1 g 可溶性淀粉加少量水调成糊状,倾入 100 mL 沸水中,煮沸片刻,即得 1％的淀粉溶液。这样配制的淀粉溶液不可久置,因为久置后,检查碘分子时其颜色不是天蓝色而是蓝紫色,甚至不起作用。若加入少量(约 1 g)氯化锌或碘化汞作防腐剂,可放置较久。

6. 淀粉碘化钾溶液:将 0.5 g 淀粉加水 1 mL,在试管中加以振荡调成浆状,然后倒入 100 mL 沸水,维持煮沸 1～2 分钟,冷却后,将 0.5 g 碘化钾及 0.5 g 结晶碳酸钠溶于少量水,加入此试管中,振荡得无色溶液。该溶液要现用现配。

7. 甲基红溶液:将 1 g 甲基红溶入 1 L 60％的乙醇中即可。

二、常用试纸的制备

试纸名称及颜色	制 备 方 法	用 途
石蕊试纸（红色或蓝色）	用热的酒精处理市售石蕊以除去夹杂的红色素。倾去浸液，残渣 1 份与 6 份水浸煮并不断振荡，滤去不溶物。将滤液分成两份，一份加稀 H_2SO_4 至变红，另一份加稀 NaOH 至变蓝，然后将滤纸条分别在其中浸湿取出后在避光、无酸碱蒸汽的室内晾干，便得红色和蓝色石蕊试纸	红—在碱性溶液中变蓝色蓝—在酸性溶液中变红色
淀粉碘化钾试纸（白色）	将 0.5 g 淀粉加水 1 mL，在试管中加以振摆调成浆状，然后倒入 100 mL 沸水，维持煮沸 1～2 分钟，冷却后，将 0.5 g 碘化钾及 0.5 g 结晶碳酸钠溶于少量水中，加入此试管中，振荡得无色淀粉碘化钾溶液。将滤纸条浸入淀粉碘化钾溶液中，取出晾干，即得淀粉碘化钾试纸。可贮存于密闭容器中备用	用以检出氧化剂（特别是游离卤素），作用时变蓝色
酚酞试纸（白色）	溶解 1 g 酚酞于 100 mL 95％的酒精溶液中，振荡溶解，同时加入 100 mL 水，将滤纸条浸入溶液，取出后置于无氨蒸气处晾干即可	在碱性溶液中变成深红色
醋酸铅试纸（白色）	将滤纸条浸入 3％醋酸铅溶液中，取出后在无硫化氢气体的房间中晾干	用以检出微量的 H_2S，作用时由白色变成黑色
刚果红试纸（红色）	溶解 0.5 克刚果红于 1 升水中，加 5 滴醋酸，滤纸条在温热溶液浸湿后，取出晾干	与无机酸作用变蓝（甲酸、一氯醋酸及草酸等有机酸也使它变蓝）。pH 3.0～5.2：由蓝变红。
淀粉试纸（白色）	将 0.5 g 可溶性淀粉放入小烧杯中，加水 5 mL 调成糊状，边搅拌边加入 100 mL 沸水，继续加热煮沸 2～3 分钟，直到溶液转清时加入 0.1 g 氯化汞。放入滤纸，浸透后取出晾干，即得淀粉试纸	遇碘由白色转变成蓝色
碘酸钾淀粉试纸（白色）	将 KIO_3 1.07 g 溶于 100 mL 0.05 mol·L^{-1} 硫酸中，加入新配制的 0.5％淀粉溶液 100 mL，将滤纸放入该溶液中浸透后取出晾干	检验 NO、SO_2 等还原性气体，它们和试纸作用时变蓝色
铁氰化钾（及亚铁氰化钾）试纸（淡黄色）	将滤纸浸入饱和铁氰化钾（或亚铁氰化钾）溶液中，浸透后取出晾干	试纸跟铁离子（或亚铁离子）作用呈蓝色

三、常用酸、碱、盐溶液的配制

1. 酸溶液

酸的名称和化学式	比重（20℃）	溶质质量分数（%）	物质的量浓度（mol·L^{-1}）	配制方法（体积比）
浓盐酸　HCl	1.19	38	12	
稀盐酸　HCl	1.10	20	6	浓盐酸（38%）：水＝1：1
稀盐酸　HCl	—	—	3	浓盐酸（38%）：水＝1：3
稀盐酸　HCl	—	7.2	2	浓盐酸（38%）：水＝1：5
浓硝酸　HNO$_3$	1.41	68	16	
稀硝酸　HNO$_3$	1.20	32	6	浓硝酸（68%）：水＝10：17
稀硝酸　HNO$_3$	—	—	2	浓硝酸（68%）：水＝1：7
浓硫酸　H$_2$SO$_4$	1.84	98	18	
稀硫酸　H$_2$SO$_4$	1.18	24.8	3	浓硫酸（98%）：水＝1：5
稀硫酸　H$_2$SO$_4$	—	—	1	浓硫酸（98%）：水＝1：17
冰醋酸　CH$_3$COOH	1.05	99.5	17.5	
稀醋酸　CH$_3$COOH	—	35.0	6	冰醋酸（17.5%）：水＝10：19
稀醋酸　CH$_3$COOH	—	—	2	冰醋酸（17.5%）：水＝10：77

2. 碱溶液

碱的名称和化学式	物质的量浓度（mol·L^{-1}）	配制方法
浓氨水 NH$_3$·H$_2$O	15	d＝0.90　28%（质量分数）
稀氨水	6	浓氨水（28%）：水＝1：1.5（体积比）
稀氨水	2	浓氨水（28%）：水＝1：6.5（体积比）
稀氨水	1	浓氨水（28%）：水＝1：14（体积比）
氢氧化钠 NaOH	6	溶 240 g NaOH 于水中,稀释至 1000 mL
氢氧化钠	2	溶 80 g NaOH 于水中,稀释至 1000 mL
氢氧化钾 KOH	3	溶 168 g KOH 于水中,稀释至 1000 mL
氢氧化钡 Ba(OH)$_2$	0.2	溶 Ba(OH)$_2$·8H$_2$O 63 g 于水中,稀释至 1000 mL,过滤
氢氧化钙 Ca(OH)$_2$	0.02	饱和石灰水澄清液

3. 盐溶液

盐的名称和化学式	分子量	物质的量浓度（mol·L^{-1}）	配制方法
硝酸银　$AgNO_3$	169.87	0.25	溶解 42.5 g $AgNO_3$ 于水中,稀释至 1000 mL
硝酸银　$AgNO_3$	169.87	0.1	溶解 17g $AgNO_3$ 于水中,稀释至 1000 mL
氯化钡　$BaCl_2 \cdot 2H_2O$	244.3	0.25	溶解 61g $BaCl_2 \cdot 2H_2O$ 于水中,稀释至 1000 mL
硫酸铜　$CuSO_4 \cdot 5H_2O$	249.9	0.25	溶解 62 g $CuSO_4 \cdot 5H_2O$ 于水中,稀释至 1000 mL
氯化铁　$FeCl_3 \cdot 6H_2O$	270.3	0.2	溶解 54 g $FeCl_3 \cdot 6H_2O$ 于水中,稀释至 1000 mL
硫酸亚铁　$FeSO_4 \cdot 7H_2O$	278.0	0.5	溶解 139 g $FeSO_4 \cdot 7H_2O$ 于水中,稀释至 1000 mL
氯化汞　$HgCl_2$	271.50	0.25	溶解 68 g $HgCl_2$ 于水中,稀释至 1000 mL
氯化钾　KCl	74.56	0.5	溶解 37 g KCl 于水中,稀释至 1000 mL
溴化钾　KBr	119.01	0.5	溶解 60 g KBr 于水中,稀释至 1000 mL
碘化钾　KI	166.01	0.5	溶解 83 g KI 于水中,稀释至 1000 mL
氰化钾　KCN	65.12	0.5	溶解 33 g KCN 于水中,稀释至 1000 mL
硝酸钾　KNO_3	101.11	0.5	溶解 50 g KNO_3 于水中,稀释至 1000 mL
硫酸钾　K_2SO_4	174.26	0.25	溶解 44 g K_2SO_4 于水中,稀释至 1000 mL
硫氰化钾　$KSCN$	97.18	0.5	溶解 49 g $KSCN$ 于水中,稀释至 1000 mL
高锰酸钾　$KMnO_4$	158.04	0.01	溶解 1.6 g $KMnO_4$ 于水中,稀释至 1000 mL
氯化钠　$NaCl$	58.44	0.5	溶解 29 g $NaCl$ 于水中,稀释至 1000 mL
硝酸钠　$NaNO_3$	84.99	0.5	溶解 43 g $NaNO_3$ 于水中,稀释至 1000 mL
碳酸钠　Na_2CO_3	106.0	1.5	溶解 159 g Na_2CO_3 于水中,稀释至 1000 mL
硫代硫酸钠 $Na_2S_2O_3 \cdot 5H_2O$	248.2	0.05	溶解 12.4 g $Na_2S_2O_3 \cdot 5H_2O$ 于水中,稀释至 1000 mL
醋酸钠　$CH_3COONa \cdot 3H_2O$	136.1	3	溶解 408 g $CH_3COONa \cdot 3H_2O$ 于水中,稀释至 1000 mL
硫酸钠　Na_2SO_4	142.04	0.25	溶解 35 g Na_2SO_4 于水中,稀释至 1000 mL
醋酸铅　$Pb(AC)_2 \cdot 3H_2O$	379	0.5	溶解 189.5 g $Pb(AC)_2 \cdot 3H_2O$ 于水中,稀释至 1000 mL
硫酸锌　$ZnSO_4 \cdot 7H_2O$	287	0.25	溶解 72 g $ZnSO_4 \cdot 7H_2O$ 于水中,稀释至 1000 mL

四、常用洗液的配制及其使用

洗液名称	配制方法	洗液特点	使用注意事项
铬酸洗液	一般浓度为 5%～12%。工业品重铬酸钾(或重铬酸钠)20 g 溶于 40 mL 水中,慢慢加入 360 mL 工业浓硫酸,即得 5%洗液。洗液为红褐色	强酸性,具有很强的氧化力。用于去除油污	(1) 使用时要特别小心,以防腐蚀皮肤和衣服 (2) 废液不可随便排放,要进行处理* (3) 洗液若呈绿色,则表示已失效

（续表）

洗液名称	配制方法	洗液特点	使用注意事项
碱性高锰酸钾洗液	4 g $KMnO_4$ 溶于少量水中，加入 100 mL 10％NaOH 溶液	作用缓慢。适应于洗涤油腻及有机物	洗后玻璃器皿上留有 MnO_2 沉淀物，可用浓 HCl 或 Na_2SO_3 溶液处理
碱性乙醇洗液	1 L 95％乙醇溶液，加入 157 mL NaOH（或 KOH）饱和溶液（约 50％）	遇水分解力很强 适应于洗涤油脂、焦油和树脂等	(1) 具有易燃性和挥发性，使用时注意防挥发和防火 (2) 久放失效 (3) 对磨口瓶塞有腐蚀作用
磷酸钠洗液	于 470 mL 水中加入 57 g Na_3PO_4 和 28.5 g 油酸钠($C_{17}H_{33}COONa$)	洗涤碳的残留物	在洗液中浸泡几分钟，再刷洗
纯酸或纯碱洗液	纯酸溶液：浓盐酸、浓硫酸和浓硝酸 纯碱溶液：10％ 以上的 NaOH、KOH 或 Na_2CO_3 溶液	洗液的使用要根据器皿上污垢的性质	用洗液浸泡或浸煮器皿，但用酸洗时温度不宜太高，防止酸挥发
硝酸过氧化氢洗液	15％～20％硝酸加入 5％过氧化氢	洗涤特别顽固的化学污物	(1) 久存易分解，现用现配 (2) 贮存于棕色瓶中

＊简便的处理方法是在酸液中加入硫酸亚铁，使六价铬还原成三价铬(无毒)，再排放。

五、常用干燥剂的性能和适应范围

干燥剂	1 L 空气中残留水分的 mg 数	性质和适应范围	备注
P_2O_5	2×10^{-5}	白色粉末，酸性，有强烈与水结合的能力，不仅能结合游离水，还能夺取化合物中的水。可以干燥 H_2、O_2、N_2、CO_2、CO、SO_2、CH_4、C_2H_4 等气体，不可以干燥氨、胺、卤化氢和硝酸等，也不可用来干燥醇、羧酸和酮等有机物	和水形成水化物，不能再生
硅胶	0.5～3×10^{-3}	是半透明、内表面积很大的多孔性固体，属良好的吸附剂，对水有强烈的吸附作用。可干燥 O_2、N_2、NH_3 等气体。常用于干燥器中。含有钴盐的硅胶，叫变色硅胶，干燥时呈蓝色，吸水后呈粉红色	吸附水后的硅胶可于 120℃ 下烘干再生

干燥剂	1 L 空气中残留水分的 mg 数	性质和适应范围	备注
Al_2O_3	3×10^{-3}	白色粉末，中性，是吸附性较强的多孔性吸附剂，适用于多数气体	吸附水的氧化铝，可以在 175℃下烘干再生
（100%）H_2SO_4 （95%）	3×10^{-2} 3×10^{-1}	氧化性酸。可以干燥 H_2、O_2、N_2、CO、SO_2、Cl_2、HCl、CH_4 等多种气体，不可用来干燥 NH_3、H_2S、HBr、HI 等碱性或易被氧化的气体，常在干燥器中使用	与水结合成水合物，不能再生
$CaSO_4$	4×10^{-3}	白色粉末。可干燥 H_2、O_2、N_2、CO_2、CO、SO_2、Cl_2、HCl、H_2S 等气体，也可干燥烷烃、醚、醛、酮、羧酸等液态有机物。不适用于干燥 HF、乙醇等	与水结合形成 $CaSO_4$·$2H_2O$，加热到230℃～240℃下脱水再生
CaO	2×10^{-1}	白色固体，碱性氧化物。可干燥 O_2、N_2、NH_3 等气体，也可干燥低级醇等液态有机物。常在干燥器中使用。不用来干燥酸性气体，如 CO_2、HCl、H_2S 等	与水结合形成 $Ca(OH)_2$，加热到450℃以上分解再生
$CaCl_2$	$1.4\sim2.5\times10^{-1}$	白色多孔固体，有较强的吸湿性。可以干燥 H_2、O_2、N_2、CO_2、CO、SO_2、HCl、CH_4、C_2H_4 等多种气体。也可以干燥烃、卤代物、醚、酮、硝基化合物等液态有机物。不能用来干燥 NH_3 以及含有—OH 和—NH_2 的有机物	吸水后形成结晶水合物，加热到260℃以上脱水再生
碱石灰		白色固体，呈碱性。可以干燥 NH_3 等气体，不能干燥酸性气体及醇、醛、酮、酸、酯、酚等液态有机物。常用于避免水或 CO_2 进入反应系统装置中	碱石灰由 CaO 粉碎后加入 NaOH 溶液，经充分混合后，置铁皿中于 200℃～250℃下干燥而成。它的大致成分是：83% $Ca(OH)_2$，5% NaOH，12% H_2O

六、可燃性气体或蒸气和空气或氧气的混合物爆炸极限

气体或蒸气	分子式	与空气混合(体积％)		与氧气混合(体积％)	
		低限	高限	低限	高限
一氧化碳	CO	12.5	75	12	96
氢 气	H_2	4.1	75	4.5	95
氨	NH_3	15.7	27.4	14.8	79
甲 烷	CH_4	5.0	15	5	60
乙 烯	C_2H_4	3.0	33.5	3	80
乙 烷	C_2H_6	3.0	14	4	50
乙 炔	C_2H_2	2.3	82	2.8	93
硫化氢	H_2S	4.3	45.4	—	—
丙 烷	C_3H_8	2.1	9.5	—	—
丁 烷	C_4H_{10}	1.5	8.5	—	—
甲 醇	CH_3OH	6.0	36.5	—	—
乙 醇	C_2H_5OH	4.0	18	—	—
丙 烯	C_3H_6	2.2	11.1	—	—
乙 醚	$C_4H_{10}O$	1.8	40	—	—
苯	C_6H_6	1.4	8.0	—	—
乙 醛	C_2H_4O	3.97	57.0	—	—
乙 酸	$C_2H_4O_2$	5.40	—	—	—
丙 酮	C_3H_6O	2.55	12.80	—	—

七、特种试剂的配制

试剂名称	配制方法	备注
银氨试剂	1.5 mL 2％ $AgNO_3$＋(滴入)2％ NH_3(aq),振荡,至生成的沉淀完全溶解为止	现用现配,贮于棕色瓶中
费林试剂	A 液:3.5 g $CuSO_4 \cdot 5H_2O$＋100 mL 水 B 液:17 g $KNaC_4H_4O_6 \cdot 4H_2O$＋15～20 mL 热水＋20 mL 25％ NaOH＋水至100 mL	A、B 液分别贮存;临用前取A、B 液等量混合
席夫试剂 (品红亚硫酸溶液)	(1) 0.50 g 品红的盐酸盐晶体放入 100 mL 热水,冷却后,通入 SO_2,使溶液呈无色,加水至 500 mL;或(2) 0.20 g 品红的盐酸盐晶体放入 100 mL 热水,冷却后,加入 2 g $NaHSO_3$ 和2 mL浓 HCl,搅匀后,至红色褪去	(1)、(2)法中当配制完毕时,如呈粉红色,可加入 0.5 g 活性炭,搅拌后过滤;试剂贮于严密的棕色瓶中
漂白粉溶液	1 g 漂白粉＋水(→100 mL)→搅匀,取上层清液	现用现配
次氯酸钠溶液	含 10％～14％有效氯	用时与等量水混合

（续表）

试剂名称	配制方法	备注
钼酸铵试剂	$45\ g\ (NH_4)_6Mo_7O_{24} \cdot 4H_2O$ 或 $40g$ 纯 MoO_3 ＋[70 mL $NH_3(aq)$＋140 mL 水]；完全溶解后，再缓缓加入 250 mL 浓 HNO_3 和 500 mL 水的混合液中，随加随搅拌，最后，加水(→1 L)。放置 1～2 日，取上层清液备用	
溴水 Br_2＋H_2O	在带有良好磨口塞的玻璃瓶内，将市售溴约 50 g(16 mL) 注入 1 L 水中。在 2 h 内经常剧烈振荡；每次振荡之后微开塞子，使积聚的溴蒸气放出。在储存瓶底总有过量的溴。将溴水倒入试剂瓶(倾倒溴和溴水时应在通风厨中进行)	为了操作时防止溴蒸气的灼伤，应戴上乳胶或橡胶手套，也可以将凡士林涂于手上
碘液 I_2＋H_2O	将 1.3 g 碘和 5 g 碘化钾溶解在尽可能少量的水中，待碘完全溶解后(充分搅动)，再加水冲稀至 1 L。如此所配成的碘溶液其浓度约为 0.01 mol/L	